Pythonによる
実務で役立つ

データサイエンス
練習問題

200+

1

アナリティクスの基礎・
可視化と実践的テクニック

久保幹雄 [著]

朝倉書店

序

Python の様々なライブラリ（パッケージ）の使用法を練習問題を通して学習する.

はじめに

世の中には例題を読ませるだけの教育が氾濫しているが，本当にできるようになるためには，練習が欠かせない. ここでは，Python を用いたデータアナリティクスを本当に自分でできるようになるための練習問題を集めた. できれば解答をコピペするのではなく，自分の力で考え，自分で試行錯誤をし，自分で書いてみることを勧める. さらに本書は，単にプログラムが書けるだけでなく，例題と練習問題を通して，背景にある理論を理解し，自分で実際の問題を解決できることを目標としている.

本書は，JupyterLab で記述されたものを自動的に変換したものであり，以下のサポートページで公開している. コードも一部公開しているが，ソースコードを保管した GitHub 自体はプライベートである. 本を購入した人は，サポートページで公開していないプログラムを

https://www.logopt.com/kubomikio/analytics.zip

でダウンロードすることができる. ダウンロードしたファイルの解凍パスワードは R#2i_de!ah である.

作者のページ

https://www.logopt.com/kubomikio/

サポートページ

https://scmopt.github.io/analytics/

出版社のページ

https://www.asakura.co.jp/detail.php?book_code=12281
https://www.asakura.co.jp/detail.php?book_code=12282
https://www.asakura.co.jp/detail.php?book_code=12283

内容

- 数値計算パッケージ NumPy
- データ解析パッケージ Pandas
- 可視化パッケージ matplotlib と seaborn
- 対話型可視化パッケージ Plotly
- データを可視化するための方法（Plotly Express）
- Python 言語の先進的プログラミング（ジェネレータ，simpy によるシミュレーション，型ヒント，dataclasses，pydantic パッケージによる型の厳密化，既定値をもつ辞書 defaultdict，map 関数，正規表現，JSON，Requests パッケージ，OpenPyXL による Excel 連携，Streamlit による Web アプリ作成）
- statsmodels を用いた統計分析
- 科学技術計算パッケージ SciPy
- PyMC によるベイズ推論と Prophet による時系列データの予測
- グラフ・ネットワークパッケージ NetworkX
- PuLP と Gurobi/Python による最適化問題のモデリング
- SCOP による制約最適化のモデリング
- OptSeq によるスケジューリング最適化のモデリング
- scikit-learn を用いた機械学習
- fastai による深層学習
- PyCaret を用いた自動機械学習

プログラミング環境の整え方

- ブラウザしかない場合：Google Colab（https://colab.research.google.com）を使う．Jupyter Notebook が動き，Google Drive に保管される．
- パッケージ（モジュール）のインストールには pip を使う．Google Colab 内では !pip

とする.

- 自分の PC にインストール 1：全部入りの anaconda（`https://www.anaconda.com/products/individual`）をダウンロードして入れる．Juputer Lab など色々いっぺんに入る．Plotly や fastai や prophet は別途 conda コマンドでインストール.
- 自分の PC にインストール 2 (専門家向け)：仮想環境を作り個別に環境を整備する．仮想環境とパッケージ管理は Poetry（`https://python-poetry.org/docs/`）もしくは conda（`https://docs.conda.io/`）を推奨.
- Poetry の場合：Python 3.x（`https://www.python.org/downloads/`）を入れたあとで，Poetry をインストール．Poetry の使い方については，以下のビデオを参照.「poetry add パッケージ名」で諸パッケージをインストールする.

現在の環境（pyproject.toml）

```
[tool.poetry.dependencies]
python = ">=3.8,<3.10"
matplotlib = "^3.5.3"
scipy = "^1.5.4"
plotly = "^5.10.0"
seaborn = "^0.11.2"
numpy = "^1.18"
networkx = "^2.8.6"
vega-datasets = "^0.9.0"
statsmodels = "^0.13.2"
yellowbrick = "^1.0"
holidays = "^0.15"
jupyterlab = "^3"
fastai = "^2.7.9"
ipywidgets = "^8.0.1"
widgetsnbextension = "^4.0.2"
graphviz = "^0.20.1"
pycaret = "^2.3.10"
pydantic = "^1.9.2"
simpy = "^4.0.1"
openpyxl = "^3.0.10"
watchdog = "^2.1.9"
gurobipy = "^9.5.2"
mypulp = "^0.0.11"
pyvis = "^0.2.1"
```

```
nbconvert = "5.6.1"
jupyter-client = "6.1.2"
nbdev = "^1.1.23"
Cython = "^0.29.32"
scikit-learn = "^0.23.2"
streamlit = "^1.12.0"
numba = "0.53.1"
Jinja2 = "3.0"
pandasgui = "^0.2.13"
amplpy = "^0.8.5"
shap = "^0.41.0"
pystan = "2.18"
black = "^22.12.0"
nb-black = "^1.0.7"
prophet = "^1.1.1"
```

目 次

1 ビッグデータとアナリティクス

近年の計算機に保管されているデータ量の増大は凄まじく，計算機の速度の増加を予測した Moore の法則を大きく上回っている．サプライ・チェインにおいても同様であり，関連データの増大に伴い，ビッグデータに対応したサプライ・チェイン最適化が必要になってきている．ここでは，このようなビッグデータ時代のサプライ・チェイン最適化について概観していく．

1.1 ビッグデータの定義

ビッグデータの定義には様々なものがあるが，その特徴は，以下のようにまとめられる．

- 名前の通りサイズが大きい（volume）．たとえば，2008 年の段階で Google は 1 日に 20 ペタバイトのデータの処理を行っており，2020 年には全世界でのデータ保管量は 35 ゼタバイトになると予測されていた（実際には 59 ゼタバイトを超えていた）．ちなみに，ペタはテラの 1000 倍で，その上（さらに 1000 倍ずつ）が順にエクサ，ゼタ，ヨタ，そして 2022 年に追加されたロナ，クエタである．大きさをイメージするために例を示そう．テラバイトのデータを保管するにはポータブルハードディスク程度なので手のひらサイズであるが，ペタになるとラック 1 本分，エクサになるとデータセンター 1 棟分，ゼタになるとデータセンター 1000 棟なのでちょっと置き場に困ることになる．

- 頻繁に変更があり，変更されたデータに対してなるべく早く（できればリアルタイムに）応答する必要がある（velocity）．たとえば，株の取引などの金融サービスでは 1ms（1 ミリ秒）以内での応答を要求される．

- データが定型でなく，多様である（variety）．たとえば，Wal-Mart は 1 時間に 100

万人分のトランザクショナルデータを処理し，2.5 ペタバイトのデータをデータベースに保管している．また，現在の保管されているデータの約 88 パーセントは非定型データであり，その比率は年々増加している．

以上 3 つの特徴をまとめて 3V と呼ぶ．他にも（きちんと加工した後に）データが価値をもつこと（value），正確なこと（veracity=quality：裏返していうと元データが整理されておらず，誤りが多いこと），変動性をもつこと（variability =data dynamicity），データが互いに結合していること（valence=connectedness）をあわせて 7V と言う場合もある．さらに細かく言うと，小規模データにはない以下の 9 つの特徴をもつものがビッグデータである．

1) 特定の目的のために収集されていない．
2) 1 箇所に保管されていない．
3) 定型のフォーマットをもたない．
4) 1 人が準備したものではない．
5) データの寿命が長い．
6) 数値データの単位が統一されていない．
7) データの再現性が低い．
8) 収集するための費用が膨大である（最近では，データ収集費用は安くなっている）．
9) 分析が難しい．

▮1.2▮ ビッグデータの歴史

研究分野の歴史を眺めることは，その分野の未来を予測するためや，一時的な流行語（buzzword）とそうでないものを見分けるために有意義である．ちなみに筆者は（歴史の授業は嫌いであったが），研究分野の年表を作成することが趣味である．歴史を知ることによって，次にどのような研究をすれば良いかが分かるからである．

過去の研究がない用語は，その分野の始祖となる画期的なものであるか，buzzword の何れか（ほとんどが後者）である．また，定着した学術用語との区別が明確でないものは buzzword である．たとえば，バリューチェーンやデマンドチェーンというのは，素人を煙に巻いて予算をとるために発明された buzzword であり，サプライ・チェイン（筆者はサプライチェーンよりサプライ・チェインが好きである．よって以下ではサプライ・チェインと記す）はロジスティクスから発展した正しい専門用語である．用語の後ろに 2.0 とか 4.0 とかが付いているのは大抵 buzzword である．一方では，何でも buzzword だといって世界の流れから取り残されるのも危険である．これは古い権威にしがみつきがちな大学関係者に見られがちな現象である．「ビッグデータ，クラ

ウド，データサイエンスは buzzword なので，古典的統計理論を教えていればそれでいい」というのでは，新しい人材は育たない.

　計算機もなくデータ収集が難しい時代から，ビッグデータ解析の基礎が築かれてきた. その主たるものは統計理論である. 統計理論の中で現在でもよく使われるものの 1 つとして，W. S. Gosset が 1908 年にペンネームの Student で発表した t 検定がある. 検定は古典統計理論の中核も成すものであるが，少量のサンプルデータを用いて大きな母集団についての知識を得るための理論なので，ビッグデータ時代には注意をして使う必要がある. 統計パッケージにデータを入れれば，簡単に p-値が出力されるが，この結果から嘘をつくことは極めて容易である. 中身も分からずに統計を使うことへの警鐘（主に p-値の濫用）が，米国統計学会から出されている.

　1935 年に R. A. Fisher が著した "The Design of Experiments" には，「相関は因果関係を意味する訳ではない」という名言が載っている. 統計パッケージにデータを入れれば相関は簡単に計算できるので，そこから因果関係があると勘違いした論文に山ほど出会ったことがある. 1939 年には，品質管理の「デミング賞」でも有名な W. E. Demming による "Quality Control" が出版された. 1954 年に D. Huff が出した "How to Lie with Statistics" は，学術書ではないが統計の使用法に警鐘を鳴らす名著である. この本は翻訳（『統計でウソをつく法—数式を使わない統計学入門』高木秀玄訳，1968，講談社ブルーバックス）もあるので一読を勧める. 特に，「高齢者の交通事故の約半数は自宅から 500 m 以内」などの統計値を毎年発表している官庁の人たちには是非読んで欲しい.

　J. W. Tukey が 1977 年に出した "Exploratory Data Analysis" では，データの可視化やデータマイニングの基礎になる様々な手法が紹介されている. この思想を元に，1984 年にベル研究所で開発された S 言語は，その後オープンソースの R 言語に引き継がれ，現在でも最も良く使われるデータ解析ツールのうちの 1 つとなっている.

　1990 年代に入ると "Knowledge Discovery in Databases"（データ解析によって知識を発見する）ための研究が推進され，その後データマイニングという研究分野として確立された. 1996 年には，Google が検索エンジンのプロトタイプを公開し，その後ページランクの概念を用いた Web ページの順位付けが行われるようになった. これは現在でも Google の中核技術であり，そこではまさにビッグなデータの解析が必要になる. そのための技術である MapReduce は 2004 年に公開され，現在でも大規模なデータに計算を適用するための基本技術としてその改良が行われている.

　ビッグデータという用語が使われたのは 2010 年に入ってからであるが，2011 年には IBM が開発したワトソンがクイズ番組で優勝したり，2016 年には Google が開発した AlphaGo が囲碁の世界チャンピオンに勝ち越したりニュースには事欠かない. 近年では，安価なクラウドコンピューティングが普及し，実務でも比較的容易にビッグ

データの解析ができるようになってきている.

　最近では，ビッグデータという用語は，一部の大規模解析でのみ利用されるもので，ほとんどのアナリティクスは中規模のサイズの定型データに対して使われることが認識されるようになった．サプライ・チェインにおいてはこの傾向が顕著であり，あまりにも大きいデータをハンドリングする技術よりは，アナリティクスをきちんと使いこなせる技術の方に重点が置かれるようになってきている.

1.3 アナリティクス

　ビッグデータを用いて意思決定の支援を行うための科学がデータサイエンスであり，そのための手法がアナリティクス（解析的情報技術）である.

　アナリティクスは以下の5つに分類できる.

1) 記述的（descriptive）：データを集計し，レポートを表示する.
2) 診断的（diagnostic）：OLAP（On-line analytical process）ソフトウェアに代表されるように，データを用いて診断を行う.
3) 発見的（discovery）：データマイニングで代表されるように，データから何らかの知識を発見する.
4) 予測的（predictive）：機械学習に代表されるように，データから未来を予測する.
5) 指示的（prescriptive）：最適化を用いて将来に対する行動を指し示す.

　記述的・診断的の境は曖昧だが，そこにはシミュレーション，待ち行列理論，在庫モデル，PERT（Program Evaluation and Review Technique）などが含まれる．同様に，発見的・予測的に境も曖昧であるが，そこには回帰分析，時系列分析，判別分析などの統計分析や連想分析，データマイニング，機械学習などが含まれる．これらの分析は主に戦略を評価するためのものであり，戦略を生成する指示的アナリティクスとは明確な違いがある．指示的（規範的とも訳される）アナリティクスには，最適化の諸技法が含まれる.

　サプライ・チェインにおいてビッグデータを利用する際には，以下のように複数の層に分けて考えると良い.

1) データ収集（acquisition）
2) 準備: データの抽出（extraction），精製（refining），紐付け（linking），集約（aggregation），欠損値の処理（cleansing），探索（exploration），前処理（preprocessing）
3) 解析1: データに対する統計解析と機械学習を用いた回帰，分類，クラスタリング，次元削減
4) 解析2: 最適化（モデル構築，定式化，求解）

5) レポート，可視化

6) 実施，自動化

　第2層のデータ整理においては，Google のオープンソースプロジェクトである Open Refine (https://openrefine.org/) などのツールや Python などのスクリプトが便利である（筆者はハッカーなので Python を利用している）．第3層と第4層においては，モデル化が必要になる．また解析ツールが必須になる．

　第3層の機械学習においてはビッグデータをそのまま使って解析することができる．まずは次元削減（主成分分析）などでデータの次元を下げ，その後で教師あり学習（回帰や分類）もしくは教師なし学習（クラスタリング）などで解析を行う．

　一方，第4層の最適化においては，（少なくともサプライ・チェインの実際問題への適用の際には）ビッグデータをそのまま使うことは避けるべきである．データの集約や洗浄などの前処理を行った後で最適化を適用することが望ましい．

1.4　データの前処理

　データを入手したとき，最初に行うことはデータの概要を把握することである．これをデータの探索（exploration）とよぶ．具体的には，データの型と基本統計量を知り，さらにヒストグラム（度数分布表）や散布図にプロットすることによって，データの外観を見ることである．

　データの型（タイプ）は，大きく数値データとカテゴリカルデータに分類できる．数値データとは，何らかの数値が入力されたデータであり，カテゴリカルデータとは，数値情報でない他のすべての型のデータである．たとえば，身長や体重が保管されているデータは数値データであり，性別を表す「男性」と「女性」のいずれかが入力されているデータはカテゴリカルデータである．これらの分類は明確なものではない．男性か女性かを表すデータは 0,1 の数値に置き換えることが可能であり，身長も 1 cm 単位で区分し，178 cm というカテゴリーに属するデータと解釈すれば，カテゴリーデータになる．したがって，データの型はどちらとしてとらえると便利かという実用性の観点から分類すべきである．他にも，日付データや地点を表す緯度・経度データは，数値でもカテゴリーでもない型として考えた方が便利な場合もある．

　基本統計量としては，まずは，どのような値がデータの典型かを表す指標と，どの程度データがばらついているかを表す指標を見るとよい．データの典型値をみるための指標には，平均，メディアン（中央値），モード（最頻値）がある．平均は，データの合計値をデータの個数で割ったものである．メディアンは，その値より大きいデータの数が小さいデータの数と同じになる値である．モードは，最も発生頻度が多いデー

タ値である．これを図にすると，以下のようになる．平均は重心，メディアンは中央付近の値，モードは山のてっぺんになる．

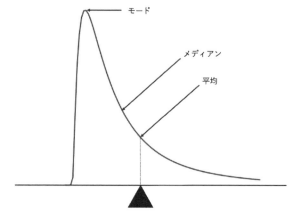

　データのばらつきを見るための指標として，分散がある．分散は，データ値から平均を引いたものの自乗和を，データの個数で割ったものである．自乗和をとるので分散の単位は，元のデータならびに平均の単位の自乗になる．平均と同じくするため分散の平方根をとったものを標準偏差とよぶ．どちらもよく使われるばらつきの尺度である．標準偏差を平均で割ったものを変動係数とよぶ．変動係数は単位をもたない量（無次元の量）になる．これは，平均の異なるデータのばらつきを比較するときに便利な指標である．

　基本統計量を確認した後には，データの図示を行う．図（グラフ）には様々な種類があり，データにあったものを選択する必要がある．1つのデータの分布をみるためには，ヒストグラム（度数分布表）が推奨される．2つのデータ間の関係を見たいときには，散布図がよい．時系列データなど1つのデータの変化に対する別のデータの変化が見たい場合には，ライン図がよいが，これは散布図に線をひくのと同じである．カテゴリカルデータには棒グラフがよい．複数のデータの分布を比較するための古典的なグラフとして箱ひげ図があるが，最近ではバイオリン図と呼ばれるモダンな図式もある．ビジネスでは比率を表すのに円グラフが使われることが多いが，これは使うべきではない．また図を魅力的にするために三次元の図を使う人もいるが，これも推奨できない．

　データの概要を理解した次に行うのが，データの前処理（preprocessing）である．

　前処理は次のフェイズである機械学習や最適化に便利なようにデータを加工するすべての処理が含まれる．

　データ洗浄（cleansing, cleaning）には，欠損値の処理，重複データの処理，矛盾す

るデータの処理，雑音の除去，外れ値の除去などが含まれる．

　欠損値とはデータ項目が存在しない状態を指すが，その処理を行うためには，なぜそこにデータがないのかを考える必要がある．単に人間のミスや機械の故障でデータの書き込みがされていないと思われる場合には，「適当な」値で代替することができる．ここで「適当な」とは，他の関連するデータの平均値（メディアン，モード），前後の値のいずれか，もしくは前後の値から計算される内挿値などがあげられる．意図的にデータが書き込まれていないときには，その意味を考えて代替値を入力する必要がある．たとえば，需要がない日には 0 のかわりに空白を入れている場合には 0 を代入すればよい．しかし，在庫がないために需要が 0 になっている場合には，その前の需要量から推定して予測値を代入する必要がある．その日に特定のトラックを使用しないことを表すのにトラック容量に空白を入れている場合には，単に 0 とするのは危険である．システム内でトラックの積載量の計算をする際に，トラック容量で割り算をするのでエラーを生じる可能性があるからだ．いずれにせよ，欠損値の合理的な値を決めるためには，データと対象とするモデルに関する知識が重要になってくる．

　重複データとは，同じキーをもつデータを指す．キー以外のデータ項目（列）もすべて同じである場合には二重登録と考えられるので，単に片方を削除すればよい．別のデータ項目が入っている場合には注意が必要だ．たとえば，名前をキーとし，住所が列に入っているデータに対して，同じ名前で住所が異なる 2 つのデータなのか，住所の打ち間違いや入力フォーマットの不統一で異なったデータが入っているかによって処理が異なる．前者の場合には，キーが不完全であり，他のキー（たとえば名前と住所の組）をキーに置き換えるなどの処理が必要になる．後者の場合には，片方のデータを削除すればよいが，列が同一になるようにフォーマットの統一を行った方がスマートである．これは以下の矛盾するデータの処理で行われる．

　データ項目にはそれぞれ決まったフォーマットが指定されている場合が多い．たとえば，日本の郵便番号は「7 桁で半角の数字で間にハイフンを入れない」と指定すれば統一されたフォーマットになる．矛盾するデータの処理のためには，こういったデータのフォーマット（スキーマ）を指定しておくとよい．データ文字列をフォーマットに合うように変換し，その後で適合しないデータに対しては，「適当な」処理を施す必要がある．ちなみに，データのフォーマット変換に対する特別な用語（munging, wrangling）を使う場合もあるが，これらは俗語であり定義は曖昧である．郵便番号の場合には，郵便番号と住所の関係を保存した外部データを保管しておき，住所のデータ項目から類推された郵便番号に近いものに修正する．住所から郵便番号や緯度・経度を求めるアドレスマッチング操作も住所入力の不統一なフォーマットや雑音のため容易ではないが，郵便番号の項目をヒントにして近いものを選択すればよい．

雑音の除去もフォーマット（スキーマ）が定義されているとやりやすい．たとえば，決められた文字列以外のものが入力されている場合には，それを除去すればよい．外れ値はデータ探索における可視化の結果，異常値であると判断されたものを指す．データの取り得る値の範囲が事前に分かっている場合には，外れ値か否かの判断は容易である．下限と上限を超えている場合には，下限か上限に置き換えるか，除去する．機械学習のフェイズで予測を行う場合には，外れ値は除去しておくべきだが，稀に発生する異常値の判定を行いたい場合には，これらのデータが重要になるので除去してはならない．

ビッグデータはサイズが大きいので機械学習を行う前に，特徴（feature）とよばれる小さなデータに変換しておくことがある．必要なデータだけを選択することを特徴選択とよぶ．特徴ベクトルのサイズが小さいと元のデータの情報が失われ，大きいと機械学習にかかりにくい，もしくは計算量が増えることになる．取り扱いやすいサイズになるまで不必要なデータを取り除くことを特徴除去とよぶ．複数のデータを組み合わせて新しいデータを生成することを特徴結合とよぶ．たとえば，身長と体重から新たな指標を計算することが特徴結合に相当する．新たなデータを追加することを特徴追加とよぶ．たとえば，顧客の居住地区を表すデータ列から，店舗がある地区と同じ地区に居住するか否かを表す新しい列を追加することが特徴追加である．

互いに関係があるデータ列は，1つの列にまとめることができる．このためには，次元削減の手法である主成分分析を使うことができるが，これは機械学習の1つの手法であるので，このフェイズではより簡単な変形を用いる．データを適当な方法で正規化することをスケーリングとよぶ．最小値を0と最大値を1になるようにスケーリングしたり，平均を0，標準偏差を1になるように正規化をしたりする方法が標準である．時系列データを移動平均や指数平滑によって平滑化することをフィルタリングとよぶ．雑音を除去することもフィルタリングである．データの集約（aggregation）も重要な前処理である．たとえば，店舗の位置を個別に扱うのではなく，市区町村単位で集約したり，個々の製品を製品群に集約したりすることが相当する．データの集約によって予測精度は向上し，最適化を行うときの計算量の増大も避けることができる．

複数のデータシートにまたがるデータ項目からリレーションを見つけることをデータの紐付け（linking）とよぶ．これはビッグデータの場合には必須ではないが，上で述べた特徴を生成する際に利用される．

一般にデータの前処理で重要な格言として「ゴミを入れればゴミが出てくる」（GIGO : garbage in garbage out）がある．いかに洗練された機械学習の手法を用いても，いかに大規模なデータを準備しても，いかに大がかりな計算機システムを用いて，ゴミデータを入れればゴミのような結果しか得られない．また，似た格言として，「目的にあっ

たデータを入力せよ」というのがある．スナップショットで撮影された粗い画像から
人の顔を抽出するための機械学習のために，写真館で撮影されたような綺麗な写真で
訓練してはいけないのである．

　以上，機械学習や最適化の前に行うべきデータの処理方法について述べた．実際の
機械学習と最適化については，拙著『Python 言語によるビジネスアナリティクス—実
務家のための最適化，統計分析，機械学習—』（近代科学社）などを参照されたい．

1.5　データサイエンティストに必要なスキル

　どこかの雑誌で「21 世紀で最もセクシーな職業がデータサイエンティストである」
という記事が出て以来，データサイエンティストが引く手あまたになっている．需要
が供給を遙かに超えている状態が続いているので，当然（日本国内ではそうでもない
が）給料がうなぎ登りになっている．データサイエンティストを養成するための大学
のコースが（日本以外の諸外国では）雨後の竹の子のように増え，教員の給料も上昇
している．

　データサイエンティストの定義は様々であり，定まったものはないが，以下の 3 つ
のスキルを兼ね備えた人というのが一般的に受け入れられているようだ．

- ハッキングスキル：アルゴリズムやデータ構造などの計算法に熟達し，Excel や Tab-
uleau などのマウスだけで操作するソフトではなく，数種類のプログラミング言語を
使いこなし，キーボードを叩いて仕事ができる．
- 数学・統計の知識：少なくとも，統計分析や最適化の知識をもち，実際の問題に対
して適切なツールを選択できる．
- 対象とする分野（ビジネス）に特化した知識：たとえば，対象とする分野がサプラ
イ・チェインなら輸送，生産，在庫などの実務に対する知識や経験をもち，少なく
とも現場で働く人と会話ができるだけの専門用語を知っている．

　ハッキングと数学統計の両方のスキルをもつが，対象分野の知識をもたないグルー
プに属している人たちは，機械学習（人工知能）の専門家とよばれる．彼らは，デー
タが与えられて，解析の目標が与えられれば，データを元に適切な分析を行って，レ
ポートを示すことができる．

　数学・統計と特定分野の知識の両者をもつが，ハッキングスキルに乏しい人たちは，
古典的研究に位置づけられる．彼らは，高度な数学を駆使して論文を書くことに卓越
している（欧米だと論文を大量に書かないとクビになるのだ）が，大規模なデータに対
して自分でプログラムを組むことが苦手で，実際のデータを解析してレポートを書く
よりも，仮想のデータに対して自分の提案手法の優越性に関するレポートを書く方が

得意である.

　ハッキングスキルと特定分野の知識だけの人たちは，危険ゾーンに位置づけられる．実際の問題の経験と知識をプログラミング技術でシステム化しても，裏に数学的な基礎がない場合には，単なる処理の自動化であって，意思決定の役に立つことは稀である．我が国におけるシステム開発のほとんどが，この危険ゾーンに陥っていると考えられる．

　上にあげた 3 つのスキルだけで十分という訳ではないと筆者は考えている．熟達したプログラミングスキルをもち，数学・統計だけでなく特定分野の知識と経験をもつことに加え，プレゼン能力，人の話を良く聞く能力，他の人と巧くコミュニケーションする能力，数学・統計の理論だけでなく応用分野に対する幅広い知識，特定分野（たとえばサプライ・チェイン）の現場の知識だけでなく全体を俯瞰して捉える能力などもデータサイエンティストにとって必須であると考えられる．

2 数値計算パッケージ NumPy

- 数値計算パッケージ NumPy の基本的な使用法を説明する.

関連動画

2.1 基本的な n 次元配列の生成 (zeros, ones, arange 関数)

NumPy は科学技術計算のための基本パッケージであり,リストに似た配列を扱う.リストとの違いは:

- サイズが変更できない.
- 同じ種類のものしか保管できない (既定値は浮動小数点数).

zeros は 0 が入ったベクトルや行列を生成するための関数である.引数は形状 (shape: 配列の大きさ) で返値は NumPy の **ndarray** (n 次元配列) オブジェクトである.

```
import numpy as np  # まずはインポート; 別名は np が標準
```

```
z = np.zeros(5)  # 長さ5の0ベクトルを生成
z
```

```
array([0., 0., 0., 0., 0.])
```

同様に,**ones** 関数ですべての要素が 1 のベクトルや行列を生成できる.

```
e = np.ones(10)  # 長さ10の単位ベクトル
e
```

```
array([1., 1., 1., 1., 1., 1., 1., 1., 1., 1.])
```

$0, 1, 2, \ldots, n-1$ の数列は **arange** 関数で生成できる.これは Python 標準の **range** 関数に相当する.

n 行 m 列の行列を生成するためには,引数をタプル (n, m) とすれば良い.

```
seq = np.arange(10)  # 0,1,2,...9 の数列
seq
```

```
array([0, 1, 2, 3, 4, 5, 6, 7, 8, 9])
```

```
Z = np.zeros((2, 2))   # 2行2列の0行列を生成；引数に行数，列数のタブルを入力
Z
```

```
array([[0., 0.],
       [0., 0.]])
```

　行列 A の i 行 j 列の要素は，$A[i, j]$ でアクセスでき，代入も可能である（Python で
はインデックスは 0 から始まることに注意）.

　たとえば，3×3 の単位行列は最初に 3×3 の 0 行列を作って，後から対角成分に 1
を代入することにより生成することができる.

```
I = np.zeros( (3,3) )
I[0,0] =1.
I[1,1] =1.
I[2,2] =1.
```

```
array([[ 1.,  0.,  0.],
       [ 0.,  1.,  0.],
       [ 0.,  0.,  1.]])
```

　実は単位行列は eye 関数を使えば 1 行で生成できる.

```
I = np.eye(3)
```

　もしくは，以下のように **for** 文による反復を用いた方が，より一般的である.

```
I = np.zeros((3, 3))
for i in range(3):
    I[i, i] = 1.0
I
```

```
array([[1., 0., 0.],
       [0., 1., 0.],
       [0., 0., 1.]])
```

■問題 1▶

　1) 長さ 10 の 1 が並んだベクトルを生成せよ.

　2) 3 行 4 列の 1 だけが入った行列を生成せよ.

3) $(0,1), (1,2), (2,0)$ の成分だけが 1 で，他の要素が 0 の 3×3 行列を生成せよ.

4) i 行，$i+1$ 列だけ 1 で，他の要素が 0 の 10×10 行列を生成せよ（ただし最後の行はすべて 0 である）.

2.2 ベクトルと行列の生成（**array** 関数の使用法）と形状（**shape** 属性）

数字を自分で入れたベクトルや行列は NumPy の **array** 関数で生成できる．この関数の返値は多次元配列（ndarray）のオブジェクトである.

引数にリストを入れて，

```
v = np.array( [4,5,6] )
```

とすればベクトル $v = (4,5,6)$ が生成される.

行列の場合には，行ごとのリストをもう 1 つのリストで入れ子にすることによって生成される.

たとえば，

```
A  = np.array( [ [1,0,0],
            [-1, 1, 0],
            [0, -1, 1] ] )
```

とすれば，3 行 3 列の行列 A が生成される.

また，引数 dtype でデータのタイプを指定できる．既定値は浮動小数点数であるが，上のようにすべて整数を入れると整数の要素をもつベクトルや配列が生成される．浮動小数点数を指定したい場合には，dtype=float とする.

```
v = np.array( [4,5,6], dtype=float) # array([4.,5.,6.])
```

NumPy の多次元配列は形状（shape）属性をもつ．たとえば，上で生成した行列 A の形状は $A.shape = (3,3)$ である．これは 3 行 3 列の行列を意味する.

NumPy の多次元配列の形状は shape 属性にタプルを代入することによって変更できる．ただし要素数（size）の変更はできない．たとえば，行列 A を 1 行 9 列の行列に変更するには，

```
A.shape=(1,9) # array([[ 1.,  0.,   0., -1.,   1.,   0.,   0., -1.,  1.]])
```

とすれば良い.

上のベクトル v の形状 $v.shape$ はタプル $(3,)$ である．これは長さ 3 のベクトル（列がない行列）を表す．1 行 3 列の行列とは異なることに注意されたい．1 行 3 列に変更するには，

```
v.shape=(1,3) # array( [[4, 5, 6]] )
```

とする．よく見ると外側に [] が 1 つ増えている（元は $array([4,5,6])$ だった）．

■ 2.2.1 五十音による NumPy の例

数値では味気ないので，五十音を入れた配列を用いて，具体的にみてみよう．

概念図	array	shape	'い' の表示
あ　い　う　え	['あ','い','う','え']	(4,)	x[1]
あ　い　う　え	[['あ','い','う','え']]	(1, 4)	x[0,1]
あ い う え	[['あ'], ['い'], ['う'], ['え']]	(4, 1)	x[1,0]
あ　い う　え	[['あ', 'い'], ['う', 'え']]	(2, 2)	x[0,1]
え	[[['あ']], [['い']], [['う']], [['え']]]	(4, 1, 1)	x[1,0,0]

```
# あいうえおによる形状の例
x = np.array(["あ", "い", "う", "え"])
print(x.shape)
x = np.array([["あ", "い", "う", "え"]])
print(x.shape)
x = np.array([["あ"], ["い"], ["う"], ["え"]])
print(x.shape)
x = np.array([["あ", "い"], ["う", "え"]])
print(x.shape)
x = np.array([[["あ"]], [["い"]], [["う"]], [["え"]]])
print(x.shape)
```

```
(4,)
(1, 4)
(4, 1)
(2, 2)
(4, 1, 1)
```

▍問題 2

1) 以下の行列 A を 9 行 1 列の形状に変更せよ．

2) 以下のベクトル v を 3 行 1 列の形状に変更せよ．カッコがどのように変更されたか観察せよ．

3) 以下の行列 A を 4 行 2 列の形状に変更することを試みよ．何が発生するか観察せよ．

```
A = np.array([[1, 0, 0], [-1, 1, 0], [0, -1, 1]])
v = np.array([4, 5, 6])
```

2.3 添え字（インデックス）とスライシングと演算

添え字とスライス表記はリストと同じである．

```
L=[1,2,3,4]
L[2]     # 3
L[1:3]   # [2,3]
```

```
x= np.array([1,2,3,4])
x[2]     # 3
x[1:3]   # array( [2,3] )
```

加算の結果は異なり，リストは結合，array の場合は要素ごとの和になる (他の演算子に対しても同じである)．

```
[1,2,3] + [4,5,6]                      # [1,2,3,4,5,6]
np.array( [1,2,3] ) + np.array( [4,5,6] ) # [5,7,9]
```

NumPy の array（ベクトル）とスカラーの和は，（後述するブロードキャストが行われ）スカラーをベクトルにコピーした後に和をとり，ベクトルとなる (他の演算子に対しても同じである)．

```
np.array( [1,2,3] ) + 1    # [2,3,4]
np.array( [1,2,3] ) * 10   # [10,20,30]
```

■ 2.3.1 五十音による NumPy の例

五十音を使ったスライシングの例を示す．

```
# あいうえおによる例
import numpy as np

L = np.array(["あ", "い", "う", "え", "お", "か"])

print("L[1] =", L[1])
print("L[-2] =", L[-2])
print("L[1:4] =", L[1:4])
print("L[:-2:2] =", L[:-2:2])
```

```
L[1] = い
L[-2] = お
L[1:4] = ['い' 'う' 'え']
L[:-2:2] = ['あ' 'う']
```

問題 3

1) 以下のベクトル x, y の和を計算せよ.

2) x の最初の 2 つの要素と y の最後の 2 つの要素の和を計算せよ.

3) ベクトル x とスカラー 10 との和を計算せよ.

4) ベクトル x をスカラー 3 で乗じた値を計算せよ.

5) x と y の積を計算せよ（内積ではなく，要素ごとの積をとれ）.

```
x = np.array([1, 2, 3])
y = np.array([5, 6, 7])
```

2.4 行列に対する添え字（インデックス）とスライシングと演算

2 次元の配列（行列）の添え字は **配列 [行番号, 列場号]** でアクセスできる.

```
X = np.array( [[1, 2, 3],
               [4, 5, 6],
               [7, 8, 9]])
X[0,1]   # 2
```

スライシングはリストのときと同様に，**開始番号:終了番号:ステップサイズ** で開始番号から終了番号 −1 まで刻み幅（= ステップサイズ）で切り出しを行う.

行と列に対して別々に切り出しを行うことができる. たとえば，すべての行 (:) と 1 列目を指定すると，1 列目だけを切り出すことができる.

```
X[ : , 1]  #array([2, 5, 8])
```

同様に 1 行目だけを切り出すには，

```
X[ 1, : ]  #X[1] としても同じ！  array([4, 5, 6]) を返す.
```

とする.

　演算もベクトルと同様に行われる．スカラーに対する演算は，後述するブロードキャスト（同じ大きさになるようにコピーしてから演算）が行われる.

■2.4.1 五十音による NumPy の例
行列に対するスライシングも五十音を使った例を示す.

```
# あいうえおによる例
import numpy as np

X = np.array(
    [["あ", "い", "う", "え", "お"], ["か", "き", "く", "け", "こ"],
     ["さ", "し", "す", "せ", "そ"]]
)

print("X[0,1] =", X[0, 1])
print("X[:, 1] =", X[:, 1])
print("X[1, 2:4] =", X[1, 2:4])
print("X[1:, 1:] =", X[1:, 1:])
print(X[::2, 1::2])
```

```
X[0,1] = い
X[:, 1] = ['い' 'き' 'し']
X[1, 2:4] = ['く' 'け']
X[1:, 1:] = [['き' 'く' 'け' 'こ']
 ['し' 'す' 'せ' 'そ']]
[['い' 'え']
 ['し' 'せ']]
```

問題 4

1) 行列 X の 2 行 1 列目の要素を出力せよ.

2) 行列 X の 2 行目だけを切り出せ.

3) 行列 X の 0 から 1 行と 1 から 2 列から成る部分行列 $[[2,3],[5,6]]$ を切り出せ.

4) 行列 X の 0 行目と 2 行目, 0 列目と 2 列目から成る部分行列 $[[1,3][7,9]]$ を切り出せ.

5) X と Y の和を求めよ.

6) X と Y の積を求めよ. また X とスカラー 1 の積, ベクトル $(1,1,1)$ との積と比べてみよ.

```
X = np.array([[1, 2, 3], [4, 5, 6], [7, 8, 9]])
Y = np.ones((3, 3))
```

問題 5

1) 行列 A を以下のように生成せよ.

```
A = np.arange(25)
A.shape = (5,5)
```

2) 行列 A から

```
array([[ 5,  7,  9],
       [20, 22, 24]])
```

を 1 行で切り出せ.

3) 行列 A から

```
array([[ 0,  2],
       [10, 12],
       [20, 22]])
```

を 1 行で切り出せ.

2.5 ユニバーサル関数

NumPy の以下の関数はユニバーサル関数である.

- Arithmetic Operators: + - * / // % **
- Bitwise Operators: & | ~ ^ >> <<
- Comparison Oper's: < > <= >= == !=
- Trig Family: np.sin, np.cos, np.tan, ...

• Exponential Family: np.exp, np.log, np.log10, ...

　これらを用いることによって多次元配列の各要素に対する演算を高速に行うことができる.

　たとえば, 0 から 10000 − 1 の整数の配列に対して, すべての要素に 5 を加えるには, 以下のようにする.

```
x = np.arange(10000) #0から10000-1の整数の配列を生成
x + 5 # スカラーを加えると後述のブロードキャストによってすべての要素にスカラーが足
     される
```

　同じ配列に対して平方根をとるには,

```
np.sqrt(x)
```

とする. NumPy パッケージの sqrt 関数はユニバーサル関数なので, すべての要素に対して平方根を計算して返す (数学パッケージ math の平方根だとエラーする).

```
x = np.arange(10000)
np.sqrt(x)
```

```
array([ 0.        ,  1.        ,  1.41421356, ...,  99.98499887,
        99.9899995 ,  99.99499987])
```

問題 6

1) 0 から 99 の整数が入った配列を生成し, 正弦 (sin) を計算せよ.

2) 1 から 999 の整数が入った配列の要素を 2 倍し, それに対数 (log) をとったものに 100 を加えた配列を生成せよ.

2.6　擬似乱数発生サブパッケージ random

　通常の random パッケージと類似の擬似乱数が NumPy でも生成できる.

　ただし引数 size でランダムな要素をもつ配列を一度に生成できる.

　たとえば, 5 つの [0,1) の一様乱数の生成は以下のようになる.

```
np.random.random(size=5) # array([ 0.19672059,  0.91704669,  0.05184376,
    0.13490049,  0.13663051])
```

　整数の乱数を生成するには randint を用いる. 引数は通常の下限 (low), 上限 (high) の他に, size を指定できる (標準の random パッケージと異なり上限は含まれないことに注意). size にタプルを入れると多次元の配列が生成される.

```
np.random.randint(1, 6, size=(3,3))
```

```
array([[4, 5, 5],
       [1, 4, 1],
       [1, 4, 1]])
```

正規分布にしたがうランダムな値を得るには normal が使える.

```
np.random.normal(100,10,(2,2)) # 平均100，標準偏差10にしたがう正規乱数を2行2列の行
    列に入れる
```

```
array([[ 92.24228997,  85.74292368],
       [ 83.08779098,  99.39865564]])
```

他にも様々な分布にしたがうランダムな値を生成できる.

■**問題7**▶

1) さいころを 10 回振ったシミュレーション結果を表す配列を生成せよ.

2) 平均 10，標準偏差 10 の正規乱数を 10×10 の行列に入れよ.

■**問題8**▶

平均 100，標準偏差 10 の需要を 10 個入れた配列 demand を生成せよ.

2.7 集約関数

NumPy の関数で多次元配列内の値を集約して計算してくれるものがある.

min, max, sum, mean, average, argmin, argmax, std など

```
x = np.random.randint(low=1, high=100, size=10000000)
x
```

```
array([60, 32, 83, ..., 42, 97, 99])
```

```
np.max(x)  # 最小値を求める
```

```
99
```

```
np.argmin(x)  # 最小値になるインデックス
```

```
117
```

```
np.sum(x)  # 合計を求める
```

499809263

```
np.std(x)  # 標準偏差を求める
```

28.579390628457567

```
A = np.random.randint(low=1, high=100, size=(3, 5))  # ランダムな要素を含んだ行列 A
    を生成
A
```

```
array([[90, 44, 30, 39, 68],
       [24, 42, 94, 63, 65],
       [39, 34, 61, 80, 17]])
```

```
np.sum(A, axis=0)  # 行方向（軸番号=0）で合計
```

```
array([153, 120, 185, 182, 150])
```

```
np.sum(A, axis=1)  # 列方向（軸番号=1）で合計
```

```
array([271, 288, 231])
```

問題 9

1) 上の行列 A の行ごとの最小値を求めよ.
2) 同じ行列の列ごとの最小値を求めよ.
3) さいころを 10 回振ったときの結果の配列を作成し, 試行の中の最小値, 最大値, 平均値を出力せよ.
4) 平均 10, 標準偏差 10 の正規乱数を 10×10 の行列に入れ, 全体の平均, 行ごとの平均を出力せよ.

2.8 ブロードキャスト

NumPy の配列では,

多次元配列 = 多次元配列 + スカラー

とできる. 同じ形状になるように変形してから演算を行うためである. これを **ブロードキャスト** (broadcast) とよぶ.

```
x= np.arange(5)    # [0 1 2 3 4]  形状は (5,)
x + 10             # 結果は array([[10, 11, 12, 13, 14])
```

スカラー 10 を x と同じ形状 (5,) になるようにコピーしてから加算をしている.

```
x+ np.array([10,10,10,10,10]) # スカラー10を1次元配列にしてから，同じ長さになるまで
    コピー（ブロードキャスト）
```

同様に 3 行 3 列の行列 A と長さ 3 のベクトル x の加算を試してみる（下の図の上段）.

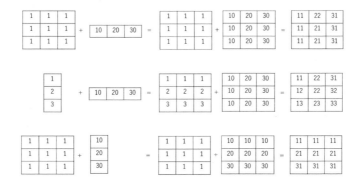

```
A = np.ones((3, 3), dtype=int)
x = np.array([10, 20, 30])
print("A=", A)
print("x=", x)
print(A.shape, x.shape)
```

```
A= [[1 1 1]
 [1 1 1]
 [1 1 1]]
x= [10 20 30]
(3, 3) (3,)
```

```
A + x  # ブロードキャストを用いた加算
```

```
array([[11, 21, 31],
       [11, 21, 31],
       [11, 21, 31]])
```

```
A + np.array([[10, 20, 30], [10, 20, 30], [10, 20, 30]])  # [10,20,30] のコピーを作
    成してから加算
```

```
array([[11, 21, 31],
       [11, 21, 31],
       [11, 21, 31]])
```

　次に，3 行 1 列の行列 x と長さ 3 のベクトル y の加算を行ってみる．やはり，形状が同じになるようにコピーを作成してから加算をしてくれる（上の図の中段）．

```
x = np.array([[1, 2, 3]]).T  # 3行1列の行列（縦ベクトル）
y = np.array([10, 20, 30])  # 長さ3の横ベクトル
print("x=", x)
print("y=", y)
print(x.shape, y.shape)
```

```
x= [[1]
 [2]
 [3]]
y= [10 20 30]
(3, 1) (3,)
```

```
x + y  # ブロードキャストによる加算
```

```
array([[11, 21, 31],
       [12, 22, 32],
       [13, 23, 33]])
```

```
np.array([[1, 1, 1], [2, 2, 2], [3, 3, 3]]) + np.array(
    [[10, 20, 30], [10, 20, 30], [10, 20, 30]]
)  # コピーを作成してから加算
```

```
array([[11, 21, 31],
       [12, 22, 32],
       [13, 23, 33]])
```

　3 行 3 列の行列 A に 3 行 1 列の行列 y を加える場合も同様にブロードキャストが行われる（上の図の下段）．自分で試してみよ．

2.9 インデックス配列

　NumPy では，添え字を別の配列で指定できる．この機能は pandas でよく使うので，慣れておく必要がある．
　添え字の配列（もしくはリスト）を用いて配列 x から添え字に対応する要素を取り出す．

```
x = np.array( [1,2,3,4,5,6] )
ind = np.array( [1,3,5] )  # リスト [1,3,5] でも同じ
x[ind]
```

```
array([2, 4, 6])
```

■ 2.9.1 五十音による NumPy の例

```
# あいうえおによる例
import numpy as np

L = np.array(["あ", "い", "う", "え", "お", "か"])
ind = np.array([0, 2, 5])
L[ind]
```

array(['あ', 'う', 'か'], dtype='<U1')

■ 2.9.2 Bool インデックス配列の例

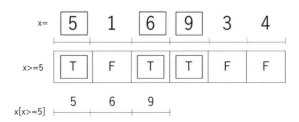

NumPy の配列に対して要素が True か False になる条件式を書くと，要素が True か False の配列が生成される．これを Bool インデックス配列とよぶ．

```
x = np.array( [5,1,6,9,3,4] )

x >= 5
```

array([True, False, True, True, False, False])

```
x[ x>=5 ]
```

```
array([5, 6, 9])
```

配列から奇数だけを抜き出すことも，同様にできる．

```
x = np.array( [1,2,3,4,5,6] )
x%2 == 1 #2で割ったときの余りが1か？
```

```
array([ True, False,  True, False,  True, False])
```

この配列の要素が True の部分だけを切り出すことができる．

```
x = np.array( [1,2,3,4,5,6] )
bool_index = x%2 == 1
x[ bool_index ]
```

```
array([1, 3, 5])
```

これを 1 行で行うと

```
 x[ x%2==1 ]
```

と書ける．

複数の論理条件を入れる場合には，集合（set）に対する演算子を用いる．

かつ（and）は &，または（or）は | である．論理条件には必ず ( ) をつけて区分を明確にする．たとえば，偶数で 4 以上のものを切り出すには，

```
x[ (x%2==0) & (x>=4) ] # array([4, 6])
```

とする．

例として，ランダムに生成した長さ 10 の配列から，条件を満たすものを切り出してみる．

```
x = np.random.randint(low=1, high=100, size=10)  # [1,99]の一様乱数による配列
x
```

```
array([47, 70, 26, 98,  6, 16, 19, 62,  8, 77])
```

```
bool_index = x < 30  # 条件を満たすなら True の配列（Boolインデックス配列）
bool_index
```

```
array([False, False,  True, False,  True,  True,  True, False,  True,
       False])
```

```
x[bool_index]  # 配列 bool_index がTrueのインデックスから成る配列
```

```
array([26,  6, 16, 19,  8])
```

```
x[x < 30]   # 上の操作を1行で書く
```

```
array([26,  6, 16, 19,  8])
```

```
x[(x <= 30) & (x >= 10)]   # 30以下でかつ10以上のもの（and は & を使う；論理条件に↩
    は( )をつける）
```

```
array([26, 16, 19])
```

```
x[(x < 30) | (x % 2 == 0)]   # 30以下かもしくは2で割り切れるもの
```

```
array([70, 26, 98,  6, 16, 19, 62,  8])
```

問題 10

NumPy の配列 x を以下のように生成する.

```
x = np.array( [1,2,3,4,5,6] )
```

1) 添え字が 0 番目と 5 番目の要素をインデックス配列を用いて取り出せ.
2) 要素が 2 で割り切れるものだけを True か False が入った配列（Bool 添え字配列）を用いて取り出せ.
3) 要素が奇数のものだけを 2 倍せよ.

問題 11

1) さいころを 10 回振ったときの結果の配列を作成し，試行の中で 4 以上のものだけを切り出せ.
2) さいころを 100 回振ったときの結果の配列を作成し，試行の中で 5 以上で奇数のものだけを切り出せ.
3) 平均 10，標準偏差 10 の正規乱数を 10×10 の行列に入れ，負のものだけを切り出せ.

2.10 すべて（all），いずれか（any），条件指定（where）

BOOL インデックス配列を引数とした関数として，all, any, where がある.
- all は配列の中の要素がすべて True のとき True を返す.

```
np.all([True,True,False])
```

False

• any は配列の中の要素に 1 つでも True のものがあれば True を返す.

```
np.any([True,True,False])
```

True

• where は配列が True のインデックスの配列を返す.

```
np.where([True,False,True])
```

array([0, 2])

where は 3 項演算子 **where (BOOL インデックス配列, True のときの値, False のときの値)** としても使える.

```
x = np.array([1,2,3,4,5])
np.where( x%2, "odd", "even")
```

は以下の配列を返す.

```
['odd', 'even', 'odd', 'even', "odd"]
```

```
x = np.random.randint(low=1, high=100, size=10)   # [1,100]の一様乱数による配列
print(x)
np.all(x <= 90)   # すべてがTrueのときTrueを返す
```

[70 36 44 87 34 74 50 39 32 19]

True

```
np.any(x <= 10)   # いずれかの要素がTrueのときTrueを返す
```

False

問題 12

1) 平均 100，標準偏差 10 の需要を 10 個（10 日分）入れた配列 demand を作り，需要が仕入れ量 110 より多い場合には品切れ費用，少ない場合には在庫費用を入れた配列 cost を作れ．ただし，1 個あたりの品切れ費用は 100 円，在庫費用は 1 円とする.

2) 10 日間の費用の合計を計算せよ.

3) 仕入れ量を変えた場合の費用を計算し，適切な仕入れ量を求めよ.

問題 13

次のプログラムは入力した正の整数 x に対して何を返すためのプログラムか？ 推測せよ.

```
not np.any([x%i == 0 for i in range(2, x)])
```

2.11 数列の生成法

NumPy には様々な数列を生成するための関数が準備されている.

通常のリストと同じように整数の配列を生成するためには，arange 関数を用いる. 引数は，開始，終了，ステップ（階差）である.

```
x = np.arange(1,11,2) # array([1, 3, 5, 7, 9])
```

配列のサイズ（要素の個数）を指定して階差が等しくなるような数列を生成するには，linspace 関数を用いる.

引数は，開始，終了，要素数であるが，既定値だと最後の要素が終了と一致するように生成することに注意されたい.

```
x = np.linspace(1,6,10)
```

```
array([ 1.        ,  1.55555556,  2.11111111,  2.66666667,  3.22222222,
        3.77777778,  4.33333333,  4.88888889,  5.44444444,  6.        ])
```

linspace 関数は matplotlib で関数の図を描画するときによく用いられる. 以下に $y = x^2$ のグラフを描画した例を示す.

```
x = np.linspace(0, 100, 100)   # 0から1まで均等割りした100個の要素から成る配列
y = x**2  # 同じ長さの配列に xの2乗を入れる
import matplotlib.pyplot as plt  # 図を描画する準備

%matplotlib inline
plt.plot(x, y);  # 描画
```

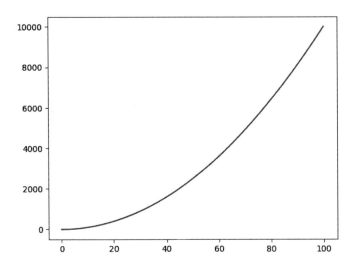

問題 14

1) x に 1 から 100 まで公差 3 の数列を代入し，x の平方根のグラフをプロットせよ．ただし，平方根は NumPy の sqrt 関数で計算せよ (NumPy パッケージの sqrt 関数はユニバーサル関数である．math パッケージの sqrt 関数を用いると，スカラーしか計算できないことに注意)．

2) 0.1 から 10 まで 1000 個の数値を均等に配置した x 座標に対して $y = 1/x$ の関数を描画せよ．

```
import matplotlib.pyplot as plt   # 図を描画する準備

%matplotlib inline
```

問題 15 (まとめ)

1) あるスーパーで販売しているある商品の在庫を管理したい．いま，$t-1$ 日の在庫量の営業後に在庫を調べて，発注量 $x[t]$ を決める．発注した商品は翌日の朝に届き，それによって t 日の営業後の在庫 $I[t]$ は，以下のように決まるものとする．

$$I[t] = I[t-1] + x[t] - D[t]$$

ここで $D[t]$ は t 日の需要量であり，需要が平均 100，標準偏差 10 の正規分布とする．また，最初の日 ($t = 0$) の営業後の在庫は 0 であると仮定する．

以下の在庫管理方策のプログラムを作成せよ.

- (s,S) 方策: 在庫量 $I[t-1]$ が s 未満であるなら,翌朝の在庫が S になるように発注する.

2) 10 箇所のスーパーがあり,同じ平均と標準偏差の需要があるとする.NumPy の多次元配列を使って,一度にすべての店舗に対するシミュレーションを行うプログラムを作成せよ.

3 データ解析パッケージ Pandas

- Pandas の機能は豊富すぎて網羅すると分かりにくくなる．ここではデータ解析でよく使うテクニックだけを具体的な例を用いて紹介する．

まず pandas パッケージをインポートする．慣例に従い **pd** という別名をつけておく．

```
import pandas as pd
import numpy as np
```

3.1 データ読み込み

次にデータを読む．　URL を直接入れて Web 経由でも読むことができる．

ここでは UCI 機械学習レポジトリ https://archive.ics.uci.edu/ml/ で配布されている iris（あやめ）のデータを読んでみる．

ブラウザで http://logopt.com/data/iris.data をみてデータを確認すると，列の名前（ヘッダー）がついておらず，データだけが**カンマ区切り**で並んでいるようだ．

これは csv (comma-separated value の略) ファイルとよばれるタイプのテキストファイルなので，**read_csv 関数**で読むことができる．返値はデータを表形式で保管するデータ構造であるデータフレームである（ここでは **df** という名前の変数に保管しておく）．

ついでに列名を names 引数で指定してあげよう．これは列名を表す文字列のリストとして与える．データは順に「"がく片長","がく片幅","花びら長","花びら幅","種類"」である．

```
# 注意: 環境によっては，Web 経由での読み込みでエラーをする場合がある．
    その場合には，以下の2行を生かす．
# import ssl
# ssl._create_default_https_context = ssl._create_unverified_context
df = pd.read_csv(
    "http://logopt.com/data/iris.data",
    names=["がく片長", "がく片幅", "花びら長", "花びら幅", "種類"]
```

```
)
```

```
df.head()  # headメソッドで最初の5つだけを表示（最後を表示するにはtailを使う；やっ↵
てみよう！）
```

	がく片長	がく片幅	花びら長	花びら幅	種類
0	5.1	3.5	1.4	0.2	Iris-setosa
1	4.9	3.0	1.4	0.2	Iris-setosa
2	4.7	3.2	1.3	0.2	Iris-setosa
3	4.6	3.1	1.5	0.2	Iris-setosa
4	5.0	3.6	1.4	0.2	Iris-setosa

もう1つの例題としてUFOの目撃情報のデータを読み込んでみよう．データはhttp:
//logopt.com/data/ufo.csv にある．

このデータはヘッダーが付いているので，**names** で列名を指定せずに読み込むこと
ができる．ただし，最初の列が抜けているので，Unnamed:0 と表示される．

```
ufo = pd.read_csv("http://logopt.com/data/ufo.csv")
ufo.head()
```

	Unnamed: 0	City	Colors Reported	Shape Reported	State	Time
0	0	Ithaca	NaN	TRIANGLE	NY	6/1/1930 22:00
1	1	Willingboro	NaN	OTHER	NJ	6/30/1930 20:00
2	2	Holyoke	NaN	OVAL	CO	2/15/1931 14:00
3	3	Abilene	NaN	DISK	KS	6/1/1931 13:00
4	4	New York Worlds Fair	NaN	LIGHT	NY	4/18/1933 19:00

問題 16 （ワイン）

ワインに関するデータセットから，wine データを読み込んで，wine という名前で
データフレームに保管せよ．

元データはこちらに格納されている．

http://logopt.com/data/wine.data

列名は https://archive.ics.uci.edu/ml/datasets/Wine で解説されているが，
必要ならば以下のリストを用いて，列名を設定して読み込め．

```
L = [ "Alcohol", "Malic", "Ash", "Alcalinity", "Magnesium", "Phenols", "Flavanoids"↵
, "Nonflavanoid", "Proanthocyanins", "Color", 'Hue', "OD280", "OD315", "↵
Proline"]
```

さらに，最後の5つのデータを表示させて確認せよ．

問題 17 （ビデオゲーム）

ビデオゲームのセールスデータを http://logopt.com/data/vgsales.csv から読
み込み，データフレームに保管せよ．ただし，このデータにはヘッダーが付いている．

問題 18 （車）

車の燃費に関するデータセットから，Auto MPG データを読み込んで，car という名前でデータフレームに保管せよ．

元データはこちらに格納されている．

http://logopt.com/data/auto-mpg.data

データを確認してみると，このデータはカンマ（,）区切り（これが read_csv 関数の既定値）ではなく，空白で区切られている．

このような場合には，read_csv の引数の delim_whitespace を True に設定しておく必要がある．

列名は https://archive.ics.uci.edu/ml/datasets/Auto+MPG で解説されているが，必要ならば以下のリストを用いて，列名を設定して読み込め．

```
L = ["mpg", "cylinders", "displacement", "horsepower", "weight", "acceleration", "↵
    year", "origin", "name"]
```

さらに，最初と最後の 5 つのデータを表示させて確認せよ．

3.2 データフレームの属性

pandas のデータフレームは，Excel の表のようなものなので，行と列でアクセスできる．

行に付加されたラベルを **インデックス（index）** とよぶ．一番左端 0, 1, 2, 3, . . . と表示されている太字の列がインデックスである．これは **index 属性**でアクセスできる．

```
df = pd.read_csv(
    "http://logopt.com/data/iris.data",
    names=["がく片長", "がく片幅", "花びら長", "花びら幅", "種類"]
)
print(df.index)  # インデックスは0から149までの整数であることが表示される．
df.head()
```

RangeIndex(start=0, stop=150, step=1)

	がく片長	がく片幅	花びら長	花びら幅	種類
0	5.1	3.5	1.4	0.2	Iris-setosa
1	4.9	3.0	1.4	0.2	Iris-setosa
2	4.7	3.2	1.3	0.2	Iris-setosa
3	4.6	3.1	1.5	0.2	Iris-setosa
4	5.0	3.6	1.4	0.2	Iris-setosa

インデックスとなる列を指定しないと，上のように 0 から始める整数が自動的に付加される．インデックス列を指定するには，**read_csv** を用いてデータを読み込む際に，

index_col 引数で指定することができる. 列の番号もしくは列名を与えることによって, 指定した列がインデックスになる.

　UFO の目撃情報のデータで最初の列 (0 番目の列) をインデックスとして指定して読み込んでみる.

```
ufo = pd.read_csv("http://logopt.com/data/ufo.csv", index_col=0)  # column
ufo.head()
```

	City	Colors Reported	Shape Reported	State	Time
0	Ithaca	NaN	TRIANGLE	NY	6/1/1930 22:00
1	Willingboro	NaN	OTHER	NJ	6/30/1930 20:00
2	Holyoke	NaN	OVAL	CO	2/15/1931 14:00
3	Abilene	NaN	DISK	KS	6/1/1931 13:00
4	New York Worlds Fair	NaN	LIGHT	NY	4/18/1933 19:00

　列の名前は, 番上に表示されている太字の行であり, これは **columns 属性**でアクセスできる.

```
ufo.columns
```

```
Index(['City', 'Colors Reported', 'Shape Reported', 'State', 'Time'], dtype='object↵
')
```

　データ自身は, データフレームの **values 属性**に保管されている. これは NumPy の多次元配列 (ndarray) である (type 関数を用いて確認してみる). したがって, データの最初の行を表示させるには, df.values[0] とすればよい. 0 行 4 列目 (最初のアヤメの名前) を表示させるには, df.values[0,4] (もしくは df.values[0][4]) とすればよい.

```
print(type(df.values))  # values属性はNumPyのn次元配列である.
df.values[0, 4]  # 0行4列目の要素は 'Iris-sentosa'である.
```

```
<class 'numpy.ndarray'>
```

```
'Iris-setosa'
```

```
df.values[0, 4]
```

```
'Iris-setosa'
```

　データの概要を知るためのメソッドが **describe()** である (メソッドなので関数と同じように最後に () を付けるのを忘れずに).

```
df.describe()  # count (データ数),  mean (平均),  std (標準偏差),  ↵
    min (最小値) など
```

	がく片長	がく片幅	花びら長	花びら幅
count	150.000000	150.000000	150.000000	150.000000
mean	5.843333	3.054000	3.758667	1.198667
std	0.828066	0.433594	1.764420	0.763161
min	4.300000	2.000000	1.000000	0.100000
25%	5.100000	2.800000	1.600000	0.300000
50%	5.800000	3.000000	4.350000	1.300000
75%	6.400000	3.300000	5.100000	1.800000
max	7.900000	4.400000	6.900000	2.500000

[問題 19]

車の燃費データに対して, アヤメのデータと同じように, インデックス, 列の名前とデータの概要を表示せよ.

さらに, その情報を用いて燃費 (MPG: Mile Per Gallon) の平均と標準偏差を答えよ.

3.3 列へのアクセス

列は辞書と同じようにアクセスできる.

たとえば, "がく片幅"と名付けられた列を切り出すには, **df["がく片幅"]** とすればよい.

この記法の短縮版として, データフレームの属性としてアクセスする方法もある.

たとえば,

```
df.がく片幅
```

とすると同じ結果が返される.

切り出された列は **シリーズ (series)** とよばれ, NumPy の配列と同じような性質をもつ.

たとえば, "がく片長"と名付けられた列の i 番目から $j-1$ 番目までを切り出したい場合には,

```
df["がく片長"][i:j]
```

とすればよい.

```
df["がく片長"][3:10]  # 列名が"がく片長"の列の最初の9個のデータから成るシリーズ (↵
    series: インデックスとデータの組)
```

```
3    4.6
4    5.0
5    5.4
6    4.6
7    5.0
```

```
8    4.4
9    4.9
Name: がく片長, dtype: float64
```

df.がく片長[:3]

```
0    5.1
1    4.9
2    4.7
Name: がく片長, dtype: float64
```

　行の切り出しはインデックスで切り出す. たとえば, 1 行目から 3 行目までを切り出すには, 以下のようにする.

df[1:4]

	がく片長	がく片幅	花びら長	花びら幅	種類
1	4.9	3.0	1.4	0.2	Iris-setosa
2	4.7	3.2	1.3	0.2	Iris-setosa
3	4.6	3.1	1.5	0.2	Iris-setosa

▌3.4▐ 行列の要素（Excel のセルに相当）へのアクセス

　行と列を指定して要素を抽出するには, **iloc** もしくは **loc** 属性を用いる.

　文法はいずれも同じで, 以下の通り.

```
df.iloc[行の切り出し,列の切り出し]   #番号でのアクセス
df.loc[行の切り出し,列の切り出し]    #ラベルを用いたアクセス
```

　行と列はラベルもしくは番号でアクセスできる. **ラベル**とは, 行に対してはインデックス, 列に対しては列名を指す.

- iloc は番号によるアクセスを行う.

　切り出しは, リストと同様に, 番号 $i:j$ とすると i 番目から $j-1$ 番目までが抽出される.

- loc はラベルによるアクセスを行う.

　切り出しは, リストや iloc と異なり, 境界も含んだものになる. すなわち, $i:j$ とするとラベル i からラベル j までが抽出される.

　切り出しを行うかわりに, 抽出したい列名のリストを用いて, ["がく片長", "花びら幅"] などと切り出しをしてもよい.

　通常のスライシングと同様に, すべての行もしくは列を抽出したい場合には, : と記述すればよい.

　たとえば, 1 列目から 2 列目までから成るデータフレームを切り出すには,

```
df.iloc[ : , 1:3]
```

とすればよい.

```
df.iloc[1:5, 1:4]  # 1行目から4行目まで, 1列目から3列目までを抽出
```

	がく片幅	花びら長	花びら幅
1	3.0	1.4	0.2
2	3.2	1.3	0.2
3	3.1	1.5	0.2
4	3.6	1.4	0.2

```
df.loc[1:5, "がく片長":"花びら幅"]  # 行をインデックスで, 列を列名で指定
  （最後が含まれることに注意！）
```

	がく片長	がく片幅	花びら長	花びら幅
1	4.9	3.0	1.4	0.2
2	4.7	3.2	1.3	0.2
3	4.6	3.1	1.5	0.2
4	5.0	3.6	1.4	0.2
5	5.4	3.9	1.7	0.4

```
df.loc[1:5, ["がく片長", "花びら幅"]]  # 列をリストで指定
```

	がく片長	花びら幅
1	4.9	0.2
2	4.7	0.2
3	4.6	0.2
4	5.0	0.2
5	5.4	0.4

■3.4.1　五十音で練習

五十音で練習してみよう.

慣例では行は「段」, 列は「行」と呼ばれるが, ややこしいので行と列で書くことにする. 五十音の一部のデータを読み込む.

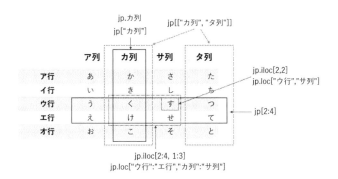

```
jp = pd.read_csv("http://logopt.com/data/50on.csv", index_col=0)
jp
```

	ア列	カ列	サ列	タ列
ア行	あ	か	さ	た
イ行	い	き	し	ち
ウ行	う	く	す	つ
エ行	え	け	せ	て
オ行	お	こ	そ	と

行は番号のスライシングで切り出すことができる.

```
jp[2:4]
```

	ア列	カ列	サ列	タ列
ウ行	う	く	す	つ
エ行	え	け	せ	て

列はラベルでアクセスできる.

```
jp["カ列"]
```

ア行	か
イ行	き
ウ行	く
エ行	け
オ行	こ

Name: カ列, dtype: object

ラベルのリストを与えることによって複数の列を切り出せる.

```
jp[["カ列", "タ列"]]
```

	カ列	タ列
ア行	か	た
イ行	き	ち
ウ行	く	つ
エ行	け	て
オ行	こ	と

iloc メソッドを使うと行番号と列番号, もしくは行番号と列番号のスライシングで値を抽出できる. スライシングは終了の番号の値は含まないことに注意.

```
jp.iloc[2, 2]
```

'す'

```
jp.iloc[2:4, 1:3]
```

	カ列	サ列
ウ行	く	す
エ行	け	せ

loc メソッドを使うと行ラベルと列ラベル, もしくは行ラベルと列ラベルのスライシングで値を抽出できる. スライシングは終了のラベルの値を含むことに注意.

```
jp.loc["ウ行", "サ列"]
```

```
'す'
```

```
jp.loc["ウ行":"エ行", "カ列":"サ列"]
```

```
     カ列 サ列
ウ行   く   す
エ行   け   せ
```

問題 20 （アヤメ）

iris データ（df に格納されているはずである）に対して以下の操作を行え.

1) iloc 属性を用いて 5 番目から 8 番目までの行の 2,3 列目を抽出せよ.

2) loc 属性を用いて"種類"だけの列から成るシリーズを抽出せよ.

3) インデックスが 2, 6, 4 の行と "がく片長","花びら幅","花びら長" の列から成るデータフレームを抽出せよ.

3.5 データの並べ替え

車の燃費データを列 "mpg" の昇順に並べ替えてみよう. そのためには，データフレームの sort_values メソッドを用いる.

```
car.sort_values("mpg")
```

これだと燃費の悪い順に並ぶので，良い順に並べてみよう. そのためには，引数の ascending を False に設定すればよい（既定値は True で昇順）.

以下に示すようにマツダのファミリア（glc は great little car の略称）が最もよいことが分かる.

```
L = [
    "mpg",
    "cylinders",
    "displacement",
    "horsepower",
    "weight",
    "acceleration",
    "year",
    "origin",
    "name",
]
car = pd.read_csv(
    "http://logopt.com/data/auto-mpg.data", delim_whitespace=True, names=L
```

```
)
car.sort_values("mpg", ascending=False).head()
```

	mpg	cylinders	displacement	horsepower	weight	acceleration	year	origin	name
322	46.6	4	86.0	65.00	2110.0	17.9	80	3	mazda glc
329	44.6	4	91.0	67.00	1850.0	13.8	80	3	honda civic 1500 gl
325	44.3	4	90.0	48.00	2085.0	21.7	80	2	vw rabbit c (diesel)
394	44.0	4	97.0	52.00	2130.0	24.6	82	2	vw pickup
326	43.4	4	90.0	48.00	2335.0	23.7	80	2	vw dasher (diesel)

問題 21 （車）

　車の燃費データを加速（acceleration）の良い順（大きいほど良い）に並べてみよう.
どの車が一番加速が良いか？

　また，一番重たい（weight）車は何か調べてみよう.

3.6 データの抽出

　データフレームからデータを条件によってフィルタリングしたいことがままある.
これは，NumPy のインデックス配列の概念と同じようにして行うことができる.

　たとえば，アヤメのデータに対して「がく片長」が 7 以上のとき True，そうでない
とき False のシリーズ（これは NumPy の配列と同じ機能をもつ）は，

```
df.がく片長 >=7.0
```

で生成される. この配列をインデックスとしてアヤメのデータフレーム df からデータ
を切り出すことによって，「がく片長」が 7 以上のデータのみを抽出することができる.

　これから，「がく片長」が 7 以上のアヤメは 1 つを除いてバージニカであることが
分かる.

```
df[df.がく片長 >= 7.0]
```

	がく片長	がく片幅	花びら長	花びら幅	種類
50	7.0	3.2	4.7	1.4	Iris-versicolor
102	7.1	3.0	5.9	2.1	Iris-virginica
105	7.6	3.0	6.6	2.1	Iris-virginica
107	7.3	2.9	6.3	1.8	Iris-virginica
109	7.2	3.6	6.1	2.5	Iris-virginica
117	7.7	3.8	6.7	2.2	Iris-virginica
118	7.7	2.6	6.9	2.3	Iris-virginica
122	7.7	2.8	6.7	2.0	Iris-virginica
125	7.2	3.2	6.0	1.8	Iris-virginica
129	7.2	3.0	5.8	1.6	Iris-virginica
130	7.4	2.8	6.1	1.9	Iris-virginica
131	7.9	3.8	6.4	2.0	Iris-virginica
135	7.7	3.0	6.1	2.3	Iris-virginica

■ 3.6.1 論理条件による抽出 & (and)

今度は「がく片長」だけでなく「花びら長」も考慮して区別しきれなかった2種類のアヤメを判別しよう.

「がく片長」が7以上で**かつ**「花びら長」が5以上のアヤメをデータフレーム df から抽出するには,and をあらわす **&** を用いる.

各条件式を ( ) で括るのを忘れないように!

この2つの条件を満たすのはバージニカだけのようだ.

```
df[(df.がく片長 >= 7.0) & (df.花びら長 >= 5.0)]
```

	がく片長	がく片幅	花びら長	花びら幅	種類
102	7.1	3.0	5.9	2.1	Iris-virginica
105	7.6	3.0	6.6	2.1	Iris-virginica
107	7.3	2.9	6.3	1.8	Iris-virginica
109	7.2	3.6	6.1	2.5	Iris-virginica
117	7.7	3.8	6.7	2.2	Iris-virginica
118	7.7	2.6	6.9	2.3	Iris-virginica
122	7.7	2.8	6.7	2.0	Iris-virginica
125	7.2	3.2	6.0	1.8	Iris-virginica
129	7.2	3.0	5.8	1.6	Iris-virginica
130	7.4	2.8	6.1	1.9	Iris-virginica
131	7.9	3.8	6.4	2.0	Iris-virginica
135	7.7	3.0	6.1	2.3	Iris-virginica

■ 3.6.2 論理条件による抽出 | (or)

今度は「がく片長」が4.8未満または「花びら長」が1.3未満のものを抽出してみよう.

「または」は or をあらわす | を用いる.

各条件式を ( ) で括るのを忘れないように!

この2つの条件を満たすのはセトーサだけのようだ.

```
df[(df.がく片長 < 4.8) | (df.花びら長 < 1.3)]
```

	がく片長	がく片幅	花びら長	花びら幅	種類
2	4.7	3.2	1.3	0.2	Iris-setosa
3	4.6	3.1	1.5	0.2	Iris-setosa
6	4.6	3.4	1.4	0.3	Iris-setosa
8	4.4	2.9	1.4	0.2	Iris-setosa
13	4.3	3.0	1.1	0.1	Iris-setosa
14	5.8	4.0	1.2	0.2	Iris-setosa
22	4.6	3.6	1.0	0.2	Iris-setosa
29	4.7	3.2	1.6	0.2	Iris-setosa
35	5.0	3.2	1.2	0.2	Iris-setosa
38	4.4	3.0	1.3	0.2	Iris-setosa
41	4.5	2.3	1.3	0.3	Iris-setosa
42	4.4	3.2	1.3	0.2	Iris-setosa
47	4.6	3.2	1.4	0.2	Iris-setosa

問題 22　（アヤメ）

1) 花びら幅が 0.5 より小さいアヤメを抽出したデータフレームを生成せよ.
2) 花びら幅が 0.5 未満でかつ花びら長が 1.5 未満のアヤメを抽出せよ.
3) 種類が "Iris-setosa"のアヤメだけを抽出したデータフレームを生成し, データの概要の describe メソッドを用いて表示せよ. 同様の操作を他の 2 種類のアヤメに対しても行え. これから各アヤメ（"Iris-versicolor"と"Iris-virginica"）の種類の特徴が分かるか考察せよ.

3.7　グループ化

上では種類が "Iris-setosa"のアヤメだけを抽出して, それに対する平均などを計算して分析を行った.

これをすべてのアヤメの種類に対して一度にできたら便利そうだ.

それを行う方法が**グループ化**であり, メソッド名は **groupby** だ.

列「種類」に対してグループ化を行い, グループ内のデータに対する平均をとるには, mean メソッドを用いればよい（より詳細な分析をしたい場合には describe メソッドを使う）.

```
df.groupby("種類").sum()
```

種類	がく片長	がく片幅	花びら長	花びら幅
Iris-setosa	250.3	170.9	73.2	12.2
Iris-versicolor	296.8	138.5	213.0	66.3
Iris-virginica	329.4	148.7	277.6	101.3

```
df.groupby("種類").describe()
```

				がく片長					がく片幅	
種類	count	mean	std	min	25%	50%	75%	max	count	mean
Iris-setosa	50.0	5.006	0.352490	4.3	4.800	5.0	5.2	5.8	50.0	3.418
Iris-versicolor	50.0	5.936	0.516171	4.9	5.600	5.9	6.3	7.0	50.0	2.770
Iris-virginica	50.0	6.588	0.635880	4.9	6.225	6.5	6.9	7.9	50.0	2.974 ↩

	花びら長			花びら幅						
...	75%	max	count	mean	std	min	25%	50%	75%	max
...	1.575	1.9	50.0	0.244	0.107210	0.1	0.2	0.2	0.3	0.6
...	4.600	5.1	50.0	1.326	0.197753	1.0	1.2	1.3	1.5	1.8
...	5.875	6.9	50.0	2.026	0.274650	1.4	1.8	2.0	2.3	2.5

```
# 簡単な例
import pandas as pd
```

```
df = pd.read_csv("http://logopt.com/data/class.csv")
df
```

	クラス名	性別	名前	身長	体重
0	猫組	女	ケッタイ	10	6
1	猫組	男	ドラ	130	130
2	猫組	男	ニャンコ	50	12
3	犬組	女	モロ	300	220
4	犬組	男	スヌー	35	10
5	犬組	男	チーズ	30	15
6	犬組	男	パトラッシュ	90	90

```
df.groupby("クラス名").sum()
```

クラス名	身長	体重
犬組	455	335
猫組	190	148

```
df.groupby(["クラス名", "性別"])[["身長", "体重"]].agg(["sum", "max"])
```

		身長		体重	
		sum	max	sum	max
クラス名	性別				
犬組	女	300	300	220	220
	男	155	90	115	90
猫組	女	10	10	6	6
	男	180	130	142	130

問題 23　（国別飲酒量）

　以下の国別のアルコール摂取量のデータを用いて，大陸（continent）別のビール，蒸留酒，ワインの摂取量の平均を求めよ．

```
drinks = pd.read_csv("http://logopt.com/data/drinks.csv")
drinks.head()
```

	country	beer_servings	spirit_servings	wine_servings	total_litres_of_pure_alcohol	continent
0	Afghanistan	0	0	0	0.0	Asia
1	Albania	89	132	54	4.9	Europe
2	Algeria	25	0	14	0.7	Africa
3	Andorra	245	138	312	12.4	Europe
4	Angola	217	57	45	5.9	Africa

3.8 行と列の削除

　前に学んだ iloc や loc を用いても行や列の削除を行うことができるが，1 行だけとか 1 列だけを削除したい場合には **drop メソッド**を用いる方が簡単だ．

　例として，大陸別の飲酒データから，大陸（continent）を表す列を削除してみよう．

　ここで drop メソッドの重要な引数として **axis** がある．これは軸を表し，**axis=0** のときが行の削除で，**axis=1** のときが列の削除になる．

```
drinks = pd.read_csv("http://logopt.com/data/drinks.csv")
drinks.head()
```

	country	beer_servings	spirit_servings	wine_servings	total_litres_of_pure_alcohol	continent
0	Afghanistan	0	0	0	0.0	Asia
1	Albania	89	132	54	4.9	Europe
2	Algeria	25	0	14	0.7	Africa
3	Andorra	245	138	312	12.4	Europe
4	Angola	217	57	45	5.9	Africa

```
drinks.drop("continent", axis=1).head()   # 大陸(continent)の列を削除
```

	country	beer_servings	spirit_servings	wine_servings	total_litres_of_pure_alcohol
0	Afghanistan	0	0	0	0.0
1	Albania	89	132	54	4.9
2	Algeria	25	0	14	0.7
3	Andorra	245	138	312	12.4
4	Angola	217	57	45	5.9

```
drinks.drop(2, axis=0).head()   # インデックス2の行を削除
```

	country	beer_servings	spirit_servings	wine_servings	total_litres_of_pure_alcohol	continent
0	Afghanistan	0	0	0	0.0	Asia
1	Albania	89	132	54	4.9	Europe
3	Andorra	245	138	312	12.4	Europe
4	Angola	217	57	45	5.9	Africa
5	Antigua & Barbuda	102	128	45	4.9	North America

```
drinks.drop([3, 5], axis=0).head()   # インデックス3が，5の行を削除したいときには，
引数にリストを入れる
```

	country	beer_servings	spirit_servings	wine_servings	total_litres_of_pure_alcohol	continent
0	Afghanistan	0	0	0	0.0	Asia
1	Albania	89	132	54	4.9	Europe
2	Algeria	25	0	14	0.7	Africa
4	Angola	217	57	45	5.9	Africa
6	Argentina	193	25	221	8.3	South America

問題 24 （アヤメ）

- アヤメのデータを読み込み「がく片長」の列を削除した新しいデータフレームを生成せよ．
- さらに，データフレームからインデックスが 3 と 5 の行を削除せよ．

3.9 欠損値の処理

　実際のデータでは，値が入っていない欠損値を含む場合が多い．欠損値は pandas では **NaN**（Not A Number）と名付けられた特殊な値で表される．これは，NumPy の **nan** オブジェクトであり，read_csv 関数でデータを読んだときに，値が入っていない場合には，自動的に NaN が代入される．

　例として UFO（未確認飛行物体）の目撃情報のデータを読んでみよう．

```
ufo = pd.read_csv("http://logopt.com/data/ufo.csv", index_col=0)
ufo.tail()
```

	City	Colors Reported	Shape Reported	State	Time
18236	Grant Park	NaN	TRIANGLE	IL	12/31/2000 23:00
18237	Spirit Lake	NaN	DISK	IA	12/31/2000 23:00
18238	Eagle River	NaN	NaN	WI	12/31/2000 23:45
18239	Eagle River	RED	LIGHT	WI	12/31/2000 23:45
18240	Ybor	NaN	OVAL	FL	12/31/2000 23:59

データには多くの NaN（欠損値）を含まれる.

欠損値のある行を削除するには **dropna メソッド** を用いる.

```
ufo.dropna().tail()
```

	City	Colors Reported	Shape Reported	State	Time
18213	Pasadena	GREEN	FIREBALL	CA	12/28/2000 19:10
18216	Garden Grove	ORANGE	LIGHT	CA	12/29/2000 16:10
18220	Shasta Lake	BLUE	DISK	CA	12/29/2000 20:30
18233	Anchorage	RED	VARIOUS	AK	12/31/2000 21:00
18239	Eagle River	RED	LIGHT	WI	12/31/2000 23:45

欠損値を適当な値で置き換えたい場合には **fillna メソッド**を用いる.

たとえば，欠損値 **NaN** を **"Unknown"** で置き換えたい場合には，以下のようにする.

```
ufo.fillna("Unknown").tail()
```

■3.9.1 欠損値を最頻値（モード）で置換

データフレームの最頻値（モード）は，**mode メソッド**で得ることができる.

```
ufo.mode()
```

	City	Colors Reported	Shape Reported	State	Time
0	Seattle	RED	LIGHT	CA	11/16/1999 19:00

これはデータフレームであるので，1 行目は **ufo.mode().iloc[0]** で抽出できる.

これを **fillna** メソッドの引数で与えると，NaN が各列の最頻値（モード）に置換される. このテクニックは，機械学習の前処理でしばしば使われる.

```
ufo.fillna(ufo.mode().iloc[0]).tail()
```

	City	Colors Reported	Shape Reported	State	Time
18236	Grant Park	RED	TRIANGLE	IL	12/31/2000 23:00
18237	Spirit Lake	RED	DISK	IA	12/31/2000 23:00
18238	Eagle River	RED	LIGHT	WI	12/31/2000 23:45
18239	Eagle River	RED	LIGHT	WI	12/31/2000 23:45
18240	Ybor	RED	OVAL	FL	12/31/2000 23:59

■3.9.2 欠損値の処理の引数

欠損値処理のメソッド dropna には色々な引数がある. 以下の例を用いて，使い方を

学ぶ.

```
df = pd.DataFrame(
    {
        "name": ["Kitty", "Pika", "Dora"],
        "favorite": ["apple", "apple", "dorayaki"],
        "friend": [np.nan, "Satoshi", "Nobita"],
        "birthday": [np.nan, np.nan, np.nan],
    }
)
df
```

```
    name favorite  friend birthday
0 Kitty    apple     NaN      NaN
1  Pika    apple Satoshi      NaN
2  Dora dorayaki  Nobita      NaN
```

普通に dropna を使うと，全部消してしまう．dropna の axis 引数の既定値は 0（もしくは "index"）であるので，各行を調べて NaN がある行はすべて消してしまうからだ．誕生日を表す列 birthday は，全員が不明なので，何も残らないのだ.

```
df.dropna()
```

```
name favorite friend birthday
```

引数の axis を 1（もしくは列を表す "columns"）にすると，列に NaN が含まれているものが削除される．好みの食べ物を表す列 favorite だけが残る．

```
df.dropna(axis=1)  # or axis="columns"
```

```
    name favorite
0 Kitty    apple
1  Pika    apple
2  Dora dorayaki
```

dropna メソッドの引数には how（どのようにして）というのがある．既定値は "any" であり，いずれかの要素が NaN なら削除される．how に "all" を指定すると，すべての要素が NaN のものだけ削除される．すべての列が NaN の人はいないので，元のデータフレームと同じものが得られる．

```
df.dropna(how="all")
```

```
    name favorite  friend birthday
0 Kitty    apple     NaN      NaN
1  Pika    apple Satoshi      NaN
2  Dora dorayaki  Nobita      NaN
```

列に対して how を "all" に指定して，dropna メソッドをよぶと，birthday 列が削除される．誕生日列 birthday はすべて NaN だからだ．

```
df.dropna(axis=1, how="all")
```

	name	favorite	friend
0	Kitty	apple	NaN
1	Pika	apple	Satoshi
2	Dora	dorayaki	Nobita

問題 25 （UFO）

上の UFO データに対して，町 (City 列) の欠損値を"場所不明"に，色 (Colors Reported 列) の欠損値を"たぶん白"に置き換えよ．

（ヒント 1：元のデータデータフレームに欠損値処理の結果を適用するためには，inplace 引数を True に設定する．既定値は inplace=False である）

（ヒント 2：特定の列を選択する方法については，だいぶ前に学んだはず．列を選択してから，**fillna** を使えばよい）

3.10 データ型の変更と文字列の操作

データフレームの各列は，同じデータ型をもつ必要がある（NumPy の配列だからだ）．データ型のチェックは，デーフレームの **dtypes 属性**をみればよい．

データ型を変更したいときには，**astype メソッド**を用いる．引数は変更したいデータの型を入れる（整数なら int，浮動小数点数なら float など）．

例として国別の飲酒量のデータを用いる．

```
drinks = pd.read_csv("http://logopt.com/data/drinks.csv")
drinks.dtypes
```

```
country                          object
beer_servings                     int64
spirit_servings                   int64
wine_servings                     int64
total_litres_of_pure_alcohol    float64
continent                        object
dtype: object
```

beer_serving の列は整数になっているが，astype メソッドを用いて，データ型を浮動小数点数 **float** に変えてみよう．

```
drinks["beer_servings"] = drinks.beer_servings.astype(float)
drinks.dtypes
```

```
country           object
beer_servings    float64
spirit_servings    int64
wine_servings      int64
```

```
total_litres_of_pure_alcohol     float64
continent                        object
dtype: object
```

　read_csv 関数で読み込むときに，データ型を指定することもできる．
引数の **dtype** に列名をキー，データ型を値とした辞書で指定する．

```
drinks = pd.read_csv(
    "http://bit.ly/drinksbycountry",
    dtype={"beer_servings": float, "spirit_servings": float},
)
drinks.dtypes
```

```
country                          object
beer_servings                    float64
spirit_servings                  float64
wine_servings                    int64
total_litres_of_pure_alcohol     float64
continent                        object
dtype: object
```

```
drinks.head()
```

	country	beer_servings	spirit_servings	wine_servings	total_litres_of_pure_alcohol	continent
0	Afghanistan	0.0	0.0	0	0.0	Asia
1	Albania	89.0	132.0	54	4.9	Europe
2	Algeria	25.0	0.0	14	0.7	Africa
3	Andorra	245.0	138.0	312	12.4	Europe
4	Angola	217.0	57.0	45	5.9	Africa

　データに文字列の操作を行いたいときには，**str** を付加してから，文字列のメソッド
を書く．

　たとえば，国名（country）を大文字に変換したいときには，**str.upper()** とする．

```
drinks["country"] = drinks.country.str.upper()
drinks.head()
```

	country	beer_servings	spirit_servings	wine_servings	total_litres_of_pure_alcohol	continent
0	AFGHANISTAN	0.0	0.0	0	0.0	Asia
1	ALBANIA	89.0	132.0	54	4.9	Europe
2	ALGERIA	25.0	0.0	14	0.7	Africa
3	ANDORRA	245.0	138.0	312	12.4	Europe
4	ANGOLA	217.0	57.0	45	5.9	Africa

問題 26　（国別飲酒量）

1) 国別の飲酒量のデータ drinks.csv を，すべての数値を浮動小数点数として読み
込め．

2) 国別の飲酒量のデータ drinks.csv を読み込み，大陸列にある"Asia"を"アジア"に
置換せよ（ヒント：文字列の置換は replace メソッドを用いる）．

3.11 日付時刻型 datetime の使用法

日付や時刻は **datetime** オブジェクトとして管理すると楽だ.

まずは未確認飛行物体のデータ ufo を読み込んで Time 列のデータ型を確認してみよう.

データ型のチェックは, 上で学んだように **dtypes 属性**をみればよい.

```
ufo = pd.read_csv("http://logopt.com/data/ufo.csv", index_col=0)
ufo.dtypes
```

```
City              object
Colors Reported   object
Shape Reported    object
State             object
Time              object
dtype: object
```

Time 列のデータ型は一般の object となっているようだ.

これを日付時刻型 datetime に変換するには, pandas の **pd.to_datetime 関数**を用いる.

変換した列を新たに DateTime 列に保管しておく.

```
ufo["DateTime"] = pd.to_datetime(ufo.Time)
ufo.head()
```

	City	Colors Reported	Shape Reported	State	Time	DateTime
0	Ithaca	NaN	TRIANGLE	NY	6/1/1930 22:00	1930-06-01 22:00:00
1	Willingboro	NaN	OTHER	NJ	6/30/1930 20:00	1930-06-30 20:00:00
2	Holyoke	NaN	OVAL	CO	2/15/1931 14:00	1931-02-15 14:00:00
3	Abilene	NaN	DISK	KS	6/1/1931 13:00	1931-06-01 13:00:00
4	New York Worlds Fair	NaN	LIGHT	NY	4/18/1933 19:00	1933-04-18 19:00:00

```
ufo.dtypes # データ型を確認
```

```
City                     object
Colors Reported          object
Shape Reported           object
State                    object
Time                     object
DateTime          datetime64[ns]
dtype: object
```

```
# 日付時刻列の最大値と最小値の差を計算（結果は timedelta 型）し，それを日に換算して
    表示
time_delta = ufo.DateTime.max() - ufo.DateTime.min()
time_delta.seconds
```

| 7140

インデックスを日付時刻型をもつ DateTime に設定する.

```
ufo.set_index("DateTime", inplace=True)
ufo.head()
```

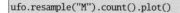

		City Colors Reported	Shape Reported	State	Time
DateTime					
1930-06-01 22:00:00	Ithaca	NaN	TRIANGLE	NY	6/1/1930 22:00
1930-06-30 20:00:00	Willingboro	NaN	OTHER	NJ	6/30/1930 20:00
1931-02-15 14:00:00	Holyoke	NaN	OVAL	CO	2/15/1931 14:00
1931-06-01 13:00:00	Abilene	NaN	DISK	KS	6/1/1931 13:00
1933-04-18 19:00:00	New York Worlds Fair	NaN	LIGHT	NY	4/18/1933 19:00

　日付時刻型をもつインデックスに対しては，**resample** によって指定した時間幅で集約できる. 以下では月次に集約し，その件数を計算し，プロットしている.

```
ufo.resample("M").count().plot()
```

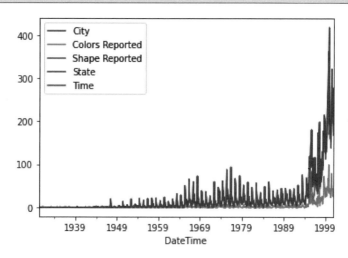

問題 27 （UFO）

- 未確認飛行物体のデータ ufo に対して，日付時刻列 DateTime から年を抽出した列 Year を生成せよ（ヒント：日付時刻型から年を計算するには，**dt.year** とすればよい）.
- 未確認飛行物体のデータ ufo に対して，日付時刻列 DateTime から曜日を抽出した列 WeekDay を生成せよ（ヒント：日付時刻型から曜日を求めるには **dt.weekday** とすればよい）.
- 未確認飛行物体のデータ ufo に対して，2000 年以降のデータだけを抽出せよ.

3.12 データフレームの生成法

ここでは，他の Python オブジェクトからデータフレームやシリーズを生成する方法
について述べる．

もっと簡単なのは，辞書から生成する方法である．

辞書のキーを列名，値をリストとして与えると，リスト内の各要素が行になる．例
として，ポケモンの名前（name）と色（color）を列としたデータフレームを生成する．

```
D = {"name": ["Pikacyu", "Mickey", "Kitty"], "color": ["Yellow", "Black", "White"]}
pd.DataFrame(D)
```

```
      name   color
0  Pikacyu  Yellow
1   Mickey   Black
2    Kitty   White
```

リストのリスト（入れ子のリスト）として与えることもできるが，列名は別途 **columns**
で与える必要がある．

```
L = [["Pikacyu", "Yellow"], ["Mickey", "Black"], ["Kitty", "White"]]
pd.DataFrame(L, columns=["name", "color"])
```

```
      name   color
0  Pikacyu  Yellow
1   Mickey   Black
2    Kitty   White
```

NumPy の配列からもデータフレームを生成できる．

例として 2 つのサイコロを 5 回ずつ振ったときの目をランダムに生成した配列に代
入し，そこからデータフレームを生成する．

```
Dice = np.random.randint(1, 7, size=(5, 2))  # 引数の (low, ↵
    high) はhighを含まないことに注意
dicedf = pd.DataFrame(Dice, columns=["dice1", "dice2"])
dicedf
```

```
   dice1  dice2
0      1      3
1      2      2
2      3      3
3      5      1
4      4      5
```

同様に，コインを 5 回投げたときの表裏を 0,1 で表した配列を生成する．

```
Coin = np.random.randint(0, 2, size=(5, 2))  # 引数の (low, ↵
    high) はhighを含まないことに注意
coindf = pd.DataFrame(Coin, columns=["coin1", "coin2"])
coindf
```

	coin1	coin2
0	1	0
1	1	1
2	0	0
3	0	1
4	1	1

2 つのデータフレームを **concat** を用いて合体させる．列方向で合併したいので，**axis=1** と設定する．

```
pd.concat([dicedf, coindf], axis=1)
```

	dice1	dice2	coin1	coin2
0	1	3	1	0
1	2	2	1	1
2	3	3	0	0
3	5	1	0	1
4	4	5	1	1

3.13 データフレームの結合

merge を用いて 2 つのデータフレームの結合ができる．

例として，おもちゃをもっている子供たちと，ぬいぐるみをもっている子供たちのデータフレームを生成する．

merge では，どの列（結合キー）を用いて結合するかを引数 **on** を使って指定できる．このとき，どちらのデータフレームの結合キーを使うかは，引数 **how** で指定する．

how は **"left"**, **"right"**, **"outer"**, **"inner"** から選択し，それぞれ左，右，和集合，共通部分を使って結合する．

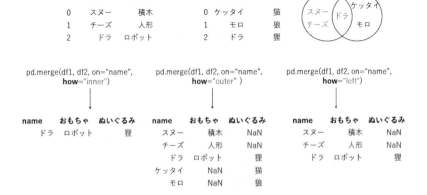

```
D1 = {"name": ["スヌー", "チーズ", "ドラ"], "おもちゃ": ["積木", "人形", "ロボット"]}
D2 = {"name": ["ケッタイ", "モロ", "ドラ"], "ぬいぐるみ": ["猫", "狼", "狸"]}
df1 = pd.DataFrame(D1)
df2 = pd.DataFrame(D2)
df1
```

```
   name おもちゃ
0  スヌー    積木
1  チーズ    人形
2   ドラ  ロボット
```

```
df2
```

```
    name ぬいぐるみ
0  ケッタイ     猫
1    モロ     狼
2    ドラ     狸
```

```
pd.merge(df1, df2, on="name", how="inner")
```

```
  name おもちゃ ぬいぐるみ
0  ドラ ロボット     狸
```

```
pd.merge(df1, df2, on="name", how="outer")
```

```
    name おもちゃ ぬいぐるみ
0   スヌー    積木   NaN
1   チーズ    人形   NaN
2    ドラ  ロボット     狸
3  ケッタイ   NaN     猫
4    モロ   NaN     狼
```

```
pd.merge(df1, df2, on="name", how="left")
```

```
   name おもちゃ ぬいぐるみ
0  スヌー    積木   NaN
1  チーズ    人形   NaN
2   ドラ  ロボット     狸
```

3.14 ピボットテーブル

ビデオゲームのセールスデータ http://logopt.com/data/vgsales.csv をピボットテーブルを用いて集計する.

pandas の **pivot_table** 関数は，引数としてデータフレーム，集計する値（values），行（index），列（columns），集計関数（aggfunc）を与えると，ピボットテーブルを返す.

例としてビデオゲームのデータに対して，行を年（Year），列をジャンル（Genre）とし，世界中での売上（Global_Sales）を合計（sum）したピボットテーブルを生成する.

集計の方法は引数 **aggfunc** で与える．既定値は NumPy の **mean** （平均）である.

```
import pandas as pd

sales = pd.read_csv("http://logopt.com/data/vgsales.csv")
sales.head()
```

```
   Rank                   Name Platform    Year        Genre Publisher NA_Sales EU_Sales JP_Sales Other_Sales
0     1             Wii Sports      Wii  2006.0       Sports  Nintendo    41.49    29.02     3.77        8.46
1     2      Super Mario Bros.      NES  1985.0     Platform  Nintendo    29.08     3.58     6.81        0.77
2     3         Mario Kart Wii      Wii  2008.0       Racing  Nintendo    15.85    12.88     3.79        3.31
3     4      Wii Sports Resort      Wii  2009.0       Sports  Nintendo    15.75    11.01     3.28        2.96
4     5 Pokemon Red/Pokemon Blue      GB  1996.0  Role-Playing Nintendo    11.27     8.89    10.22        1.00  ↵

   Other_Sales Global_Sales
          8.46        82.74
          0.77        40.24
          3.31        35.82
          2.96        33.00
          1.00        31.37
```

```
pivot = pd.pivot_table(
    sales, values="Global_Sales", index="Year", columns="Genre", aggfunc="sum"
)
pivot.head()   # ピボットテーブル自身がデータフレームオブジェクトなので，最初の5行だ↵
    け表示するにはheadメソッドが使える.
```

```
Genre Action Adventure Fighting Misc Platform Puzzle Racing Role-Playing Shooter Simulation Sports Strategy
Year
1980.0   0.34       NaN     0.77 2.71      NaN    NaN    NaN          NaN    7.07        NaN   0.49      NaN
1981.0  14.84       NaN      NaN  NaN     6.93   2.24   0.48          NaN   10.04       0.45   0.79      NaN
1982.0   6.52       NaN      NaN 5.03    10.03   1.57    NaN          NaN    3.79        NaN   1.05      NaN
1983.0   2.86       0.4      NaN 2.14     6.93   0.78    NaN          NaN    0.48        NaN   3.20      NaN
1984.0   1.85       NaN      NaN 1.45     0.69   3.14   5.95          NaN   31.10        NaN   6.18      NaN
```

```
%matplotlib inline
pivot.plot()
# ピボットテーブル自身がデータフレームオブジェクトなので，↵
    plotメソッドで描画もできる.
```

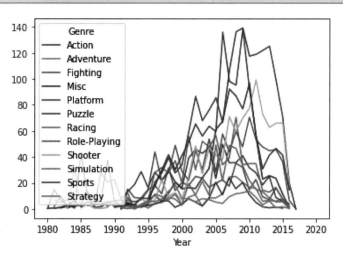

```
df = pd.read_csv("http://logopt.com/data/class.csv")
df
```

	クラス名	性別	名前	身長	体重
0	猫組	女	ケッタイ	10	6
1	猫組	男	ドラ	130	130
2	猫組	男	ニャンコ	50	12
3	犬組	女	モロ	300	220
4	犬組	男	スヌー	35	10
5	犬組	男	チーズ	30	15
6	犬組	男	バトラッシュ	90	90

	クラス名	性別	名前	身長	体重
0	猫組	女	ケッタイ	10	6
1	猫組	男	ドラ	130	130
2	猫組	男	ニャンコ	50	12
3	犬組	女	モロ	300	220
4	犬組	男	スヌー	35	10
5	犬組	男	チーズ	30	15
6	犬組	男	バトラッシュ	90	90

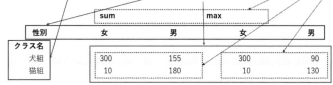

df.**pivot_table**(index="クラス名", columns="性別", values="身長", aggfunc=[sum, max])

	sum		max	
性別	女	男	女	男
クラス名				
犬組	300	155	300	90
猫組	10	180	10	130

```
df.pivot_table(index="クラス名", columns="性別", values="身長", aggfunc=[sum, max])
```

	sum		max	
性別	女	男	女	男
クラス名				
犬組	300	155	300	90
猫組	10	180	10	130

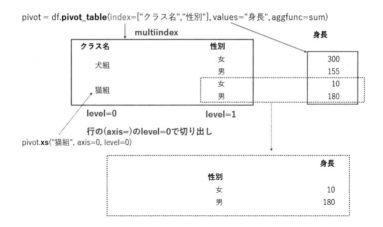

```
pivot = df.pivot_table(index=["クラス名", "性別"], values="身長", aggfunc=sum)
pivot
```

		身長
クラス名	性別	
犬組	女	300
	男	155
猫組	女	10
	男	180

```
pivot.xs("猫組", axis=0, level=0)
```

	身長
性別	
女	10
男	180

問題 28 （ポケモン）

ポケモンデータ http://logopt.com/data/Pokemon.csv に対して，メインタイプ（Type 1）と世代（Generation）別の攻撃力（Attack）と守備力（Defense）の平均を集計せよ（ヒント：pivot_table で，集計値に複数の値を設定するには，引数 **values** にデータフレームの列名をリストとして与える）．

```
poke = pd.read_csv("http://logopt.com/data/Pokemon.csv", index_col=0)
poke.head()
```

#	Name	Type 1	Type 2	Total	HP	Attack	Defense	Sp. Atk	Sp. Def	Speed	Generation	Legendary
1	Bulbasaur	Grass	Poison	318	45	49	49	65	65	45	1	False
2	Ivysaur	Grass	Poison	405	60	62	63	80	80	60	1	False
3	Venusaur	Grass	Poison	525	80	82	83	100	100	80	1	False
3	VenusaurMega Venusaur	Grass	Poison	625	80	100	123	122	120	80	1	False
4	Charmander	Fire	NaN	309	39	52	43	60	50	65	1	False

（映画）

映画のデータ http://logopt.com/data/movie_metadata.csv に対して，主演
俳優の列（actor_1_name）がジョニー・デップ（Johnny Depp）のものを抽出し，年度
（title_year）別の予算（budget）と興行収入（gross）を線グラフで表示せよ（ヒント：
行には年度を，列には何も指定しないでピボットテーブルを生成し，plot メソッドで
グラフを生成する）．

```
movie = pd.read_csv("http://logopt.com/data/movie_metadata.csv")
movie.head()
```

	color	director_name	num_critic_for_reviews	duration	director_facebook_likes	actor_3_facebook_likes
0	Color	James Cameron	723.0	178.0	0.0	855.0
1	Color	Gore Verbinski	302.0	169.0	563.0	1000.0
2	Color	Sam Mendes	602.0	148.0	0.0	161.0
3	Color	Christopher Nolan	813.0	164.0	22000.0	23000.0
4	NaN	Doug Walker	NaN	NaN	131.0	NaN ↵

actor_2_name	actor_1_facebook_likes	gross	genres	...	num_user_for_reviews
Joel David Moore	1000.0	760505847.0	Action|Adventure|Fantasy|Sci-Fi	...	3054.0
Orlando Bloom	40000.0	309404152.0	Action|Adventure|Fantasy	...	1238.0
Rory Kinnear	11000.0	200074175.0	Action|Adventure|Thriller	...	994.0
Christian Bale	27000.0	448130642.0	Action|Thriller	...	2701.0
Rob Walker	131.0	NaN	Documentary	...	NaN ↵

language	country	content_rating	budget	title_year	actor_2_facebook_likes	imdb_score	aspect_ratio
English	USA	PG-13	237000000.0	2009.0	936.0	7.9	1.78
English	USA	PG-13	300000000.0	2007.0	5000.0	7.1	2.35
English	UK	PG-13	245000000.0	2015.0	393.0	6.8	2.35
English	USA	PG-13	250000000.0	2012.0	23000.0	8.5	2.35
NaN	NaN	NaN	NaN	NaN	12.0	7.1	NaN ↵

aspect_ratio	movie_facebook_likes
1.78	33000
2.35	0
2.35	85000
2.35	164000
NaN	0

3.15 for ループによる反復処理

Pandas では，できるだけ反復処理はしない方が高速に処理ができるが，反復処理を
した方が簡単にプログラムが書けることもある．大規模なデータを扱うのでなければ，
多少の処理時間はかかっても，コードを書く時間を短縮した方が良い場合が多い．こ
こでは，そのような場合に用いる反復処理の方法について学ぶ．

データフレームに for 文を用いて反復を行う最も簡単で効率的な方法は，**itertuples**
メソッドを用いる方法であり，このように記述する．

```
for 行 in データフレーム.itertuples():
    反復の中身
    （行は列名を属性とした名前付きタプル）
```

映画のデータ http://logopt.com/data/movie_metadata.csv を用いた，以下の
例題を考える．

あなたは最近観た面白い映画の名前をど忘れした．確か，タイトルに"Super"が入っていた低予算映画だったと思うのだが，そのディレクターを無性に知りたくなった．どうやって検索すれば良いだろうか？

itertuples を用いた反復を使って，タイトル（movie_title）に"Super"が入っていて，予算（budget 列の数字）が 100000 ドル以下のものを検索する．

```
movie = pd.read_csv("http://logopt.com/data/movie_metadata.csv")
for row in movie.itertuples():
    if "Super" in row.movie_title and row.budget <= 100000:
        print(row.movie_title, row.director_name)
```

```
Super Size Me Morgan Spurlock
All Superheroes Must Die Jason Trost
```

そうだ，映画のタイトルは "Super Size Me" だった．ディレクターも無事に判明した．今度は，多少高速な方法で検索してみよう．これは，必要な列だけを切り出してきて，それを **zip** 関数で合わせたものを作成して反復を行う．

```
for title, budget, director in zip(
    movie.movie_title, movie.budget, movie.director_name
):
    if "Super" in title and budget <= 100000:
        print(title, director)
```

```
Super Size Me Morgan Spurlock
All Superheroes Must Die Jason Trost
```

同じ結果が得られた．いずれの方法でも良いが，**itertuples** を用いた方が簡単で可読性も良い．一方，列の切り出しと **zip** を用いた方法は，列がたくさんあるときには高速になる．

問題 30　（ポケモン）

ポケモンデータ http://logopt.com/data/Pokemon.csv に対して，伝説のポケモン（Legendary が真）で，攻撃力（Attack）が防御力（Defense）より小さく，攻撃力が 90 以下，速度（Speed）が 110 以上のものを探せ．

```
poke = pd.read_csv("http://logopt.com/data/Pokemon.csv", index_col=0)
poke.head()
```

#	Name	Type 1	Type 2	Total	HP	Attack	Defense	Sp. Atk	Sp. Def	Speed	Generation	Legendary
1	Bulbasaur	Grass	Poison	318	45	49	49	65	65	45	1	False
2	Ivysaur	Grass	Poison	405	60	62	63	80	80	60	1	False
3	Venusaur	Grass	Poison	525	80	82	83	100	100	80	1	False
3	VenusaurMega Venusaur	Grass	Poison	625	80	100	123	122	120	80	1	False
4	Charmander	Fire	NaN	309	39	52	43	60	50	65	1	False

3.16 列名の変更

データ処理の際に，列名を変更したいことがままある．データフレームに対する **rename** メソッドを使えば良い．

rename(columns= **キーを元の列名，値を変更後の列名とした辞書**)

元のデータフレームに対して変更を適用するには，**inplace** 引数を True にする（既定値は False）．

例として ufo データを読み込み，Time 列を"日付"に，Shape Reported 列を"形"に変更する．

```
ufo = pd.read_csv("http://logopt.com/data/ufo.csv", index_col=0)
ufo.rename(columns={"Time": "日付", "Shape Reported": "形"}, inplace=True)
ufo.head()
```

```
                City Colors Reported      形 State           日付
0             Ithaca             NaN TRIANGLE    NY  6/1/1930 22:00
1        Willingboro             NaN    OTHER    NJ 6/30/1930 20:00
2            Holyoke             NaN     OVAL    CO 2/15/1931 14:00
3            Abilene             NaN     DISK    KS  6/1/1931 13:00
4 New York Worlds Fair           NaN    LIGHT    NY 4/18/1933 19:00
```

問題 31 （UFO）

上の ufo データの State 列を"州"に，Colors Reported 列を"色"に変更せよ．

3.17 簡易分析パッケージ PandasGUI

最近では，pandas のデータフレームを GUI で分析できるツールが出てきている．

例として，PandasGUI（ https://github.com/adamerose/pandasgui ）を紹介する．

このパッケージには，ポケモンデータを含む代表的なデータセットが入っている．すべてのデータセット all_datasets をインポートして，それを show 関数を用いて表示する．

```
from pandasgui import show
from pandasgui.datasets import iris, all_datasets
```

```
all_datasets.keys()
```

```
odict_keys(['pokemon', 'googleplaystore', 'googleplaystore_reviews', '↵
netflix_titles', 'trump_tweets', 'harry_potter_characters', 'happiness', '↵
country_indicators', 'us_shooting_incidents', 'stockdata', 'gapminder', 'anscombe',↵
 'attention', 'brain_networks', 'diamonds', 'dots', 'exercise', 'flights', 'fmri', ↵
'gammas', 'geyser', 'iris', 'mpg', 'penguins', 'planets', 'tips', 'titanic', '↵
seinfeld_episodes', 'seinfeld_scripts', 'mi_manufacturing', 'simple', 'multiindex',↵
 'small', 'unhashable'])
```

```
show(**all_datasets)
#show(iris); #irisデータだけを表示する場合
```

```
<pandasgui.gui.PandasGui at 0x7f91a9e74ee0>
```

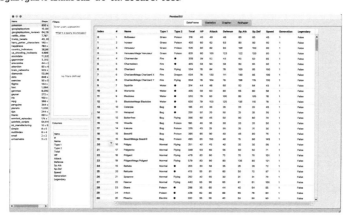

3.18 簡易分析パッケージ pandas-profiling

　GUI ベースのものが嫌いな人は，html を生成する pandas-profiling（`https://github`
`.com/ydataai/pandas-profiling`）を使うとよい．

　ProfileReport クラスをインポートして，そこに pandas のデータフレームを入れると
分析した html ファイルが生成される．

　以下に，iris データを入れて相関分析のタブを押したときの画面を示す．

```
from pandas_profiling import ProfileReport
```

```
ProfileReport(iris);
```

4 matplotlib と seaborn を用いた可視化入門

- 多くの教科書では matplotlib の基本的な使用法を解説しているが，ここでは pandas から直接描画する方法と，もっと綺麗に描画するためのパッケージ seaborn について述べる．

関連動画 ▶

最初の例題として用いるのは iris（アヤメ）のデータである．

まずは pandas を用いてデータを読んでおく．

```
%matplotlib inline
```

としておくと，描画が画面にすぐに表示されるようになる．

```
import pandas as pd
%matplotlib inline

df = pd.read_csv(
    "http://logopt.com/data/iris.data",
    names=["sepal length", "sepal width", "petal length", "petal width", "class"],
)
df.head()
```

	sepal length	sepal width	petal length	petal width	class
0	5.1	3.5	1.4	0.2	Iris-setosa
1	4.9	3.0	1.4	0.2	Iris-setosa
2	4.7	3.2	1.3	0.2	Iris-setosa
3	4.6	3.1	1.5	0.2	Iris-setosa
4	5.0	3.6	1.4	0.2	Iris-setosa

4.1 ヒストグラム

まずはヒストグラム（histgram；度数分布表）を描画してみる．

ヒストグラムは数値データの分布の概要を知る際に便利である．

pandas のデータフレームの **hist** メソッドを用いる．

引数 **bins** でビンの数（x 軸の区分数）を指定できる．（色々変えて試してみよう．既定値は 10 である）．

```
df.hist(bins=30);
```

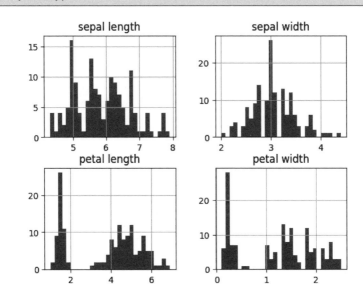

問題 32 （SAT，GPA）

http://logopt.com/data/SATGPA.csv データを読み込み，2 種類の SAT の成績と GPA のヒストグラムを描画せよ．また，引数の bins を色々変えてみよ．

問題 33 （ポケモン）

以下のように読み込んだポケモンのデータフレームを用いて，攻撃力（Attack），守備力（Defense）のヒストグラムを描画せよ．

```
pokemon = pd.read_csv("http://logopt.com/data/poke.csv", encoding="utf-8", ↵
    index_col=0)
pokemon.head()
```

#	Name	Type 1	Type 2	Total	HP	Attack	Defense	Sp. Atk	Sp. Def	Speed	Generation	Legendary
1	Bulbasaur	Grass	Poison	318	45	49	49	65	65	45	1	False
2	Ivysaur	Grass	Poison	405	60	62	63	80	80	60	1	False
3	Venusaur	Grass	Poison	525	80	82	83	100	100	80	1	False
3 VenusaurMega	Venusaur	Grass	Poison	625	80	100	123	122	120	80	1	False
4	Charmander	Fire	NaN	309	39	52	43	60	50	65	1	False ↵

Legendary	Japanese
False	フシギダネ
False	フシギソウ
False	フシギバナ
False	フシギバナ・メガ進化
False	ヒトカゲ

4.2 散布図

散布図（scatter plot）は，2 つの数値データの関係を知る際に便利である．
pandas のデータフレームの **plot.scatter** メソッドを用いる．
引数の **x** と **y** で x, y 軸に使用するデータ（データフレームの列名）を指定する．
ここではがく片長 "sepal length" と花びら長 "petal length" の関係を図示してみる．

```
df.plot.scatter(x="sepal length", y="petal length")
```

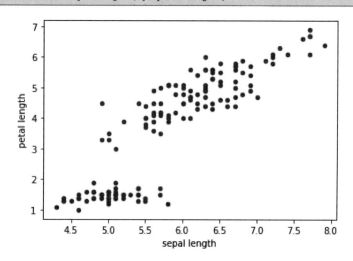

問題 34

http://logopt.com/data/Diamond.csv からダイアモンドの価格データを読み込み，カラット（carat）と価格（price）の散布図を描け．

問題 35 （ポケモン）

ポケモンのデータフレームに対して，攻撃力（Attack），守備力（Defense）の関係を散布図に描画せよ．

4.3 他の図

pandas のデータフレームの **plot** の中には他にも様々な描画メソッドが含まれている．
色々試してみよう．

```
df.plot.area();
# 面積図
```

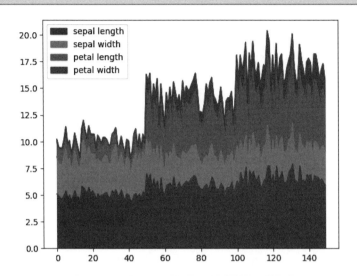

```
df.plot.bar();
# 棒グラフ
```

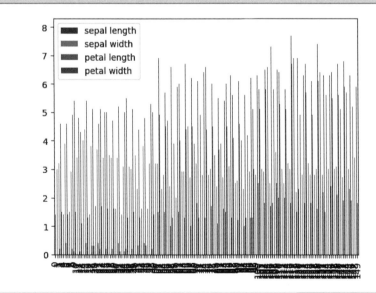

```
df.plot.box();
# 箱ひげ図
```

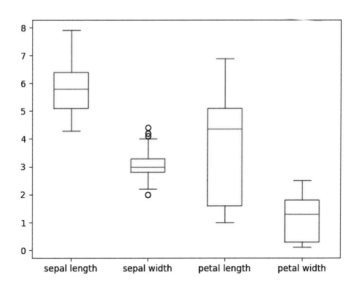

```
df.plot.density();
# カーネル密度推定（kdeと同じ）
```

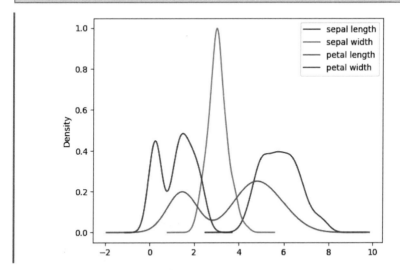

```
df.plot.hexbin(x="sepal length", y="petal length", gridsize=30);
# 6角形格子図（散布図と同様に，x,y軸を入れる．）
```

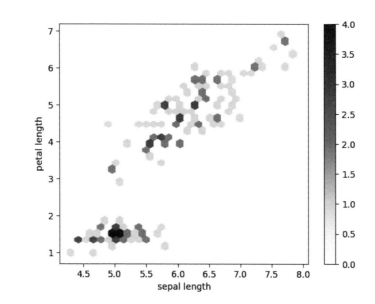

```
df.plot.line();
# 線グラフ df.plot()でも同じ
```

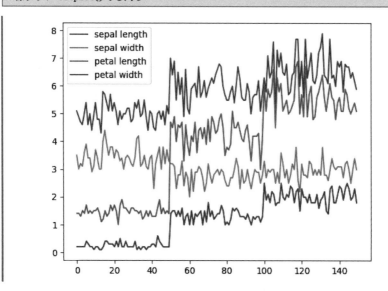

問題 36 （ポケモンの応用）

ポケモンのデータを自分なりに可視化せよ．その際，どの列に対して，どの図を選

択すれば良いか考え，考察とともにレポートせよ．

■4.4■ 多次元データ 1: 並行座標図

散布図では 3 次元までの図を可視化できる（3 次元の場合の方法については教科書参照）が，4 次元以上だと人間の目では無理だ．

多次元データを可視化するための方法として**並行座標図**がある．

これは散布図の y 軸を x 軸と並行にしたものである．複数の y 軸があっても大丈夫だが，あまり多いとよく分からなくなる．

pandas では **plotting** にある **parallel_coordinates** 関数を用いて並行座標図を描画できる．

第 1 引数はデータフレームであり，第 2 引数は分けて描画したいクラスを表す列名を与える．

並行座標図は，比例関係は平行な直線で，反比例関係は 1 つの点で交わる直線群で描画する．

例として，$x = 0, 1, 2, \ldots, 9$, $y = 2x, z = 10 - x$ を描画してみよう．

```
from pandas.plotting import parallel_coordinates
```

```
data = []  # x,y,zを入れたリストを作成
for i in range(10):
    row = [i, 2 * i, 10 - i, "dummy"]  # クラス名を指定するためにダミーの列を最後に
    追加
    data.append(row)
testdf = pd.DataFrame(data)
testdf
```

	0	1	2	3
0	0	0	10	dummy
1	1	2	9	dummy
2	2	4	8	dummy
3	3	6	7	dummy
4	4	8	6	dummy
5	5	10	5	dummy
6	6	12	4	dummy
7	7	14	3	dummy
8	8	16	2	dummy
9	9	18	1	dummy

```
parallel_coordinates(testdf, 3);
# ダミーの列の名前は 3
```

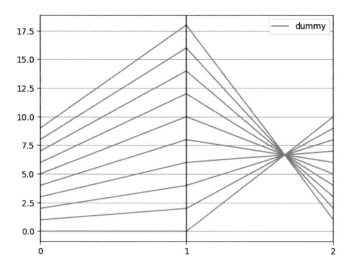

問題 37 （アヤメとポケモン）

1) iris（アヤメ）のデータフレームをアヤメの種類 "class" ごとに並行座標図に描画せよ.

2) ポケモンデータを並行座標図で描画せよ. ただし, 伝説ポケモンか否か（Legendary）でクラス分けを行い, 軸としては体力（HP）, 攻撃力（Attack）, 守備力（Defense）を用いよ.

```
iris = pd.read_csv(
    "http://logopt.com/data/iris.data",
    names=["sepal length", "sepal width", "petal length", "petal width", "class"],
)
```

4.5 多次元データ 2: Andrew 曲線

多次元データを可視化するためのもう 1 つの方法として **Andrew 曲線**がある.

これは, 多次元データ $x_1, x_2, \ldots$ をフーリエ曲線

$$f_x(t) = \frac{x_1}{\sqrt{2}} + x_2 \sin(t) + x_3 \cos(t) + x_4 \sin(2t) + x_5 \cos(2t) + \cdots$$

で変換し, $-\pi < t < \pi$ の間に描画したものである.

pandas では **plotting** にある **andrews_curves** 関数を用いて並行座標図を描画できる.

第 1 引数はデータフレームであり, 第 2 引数は分けて描画したいクラスを表す列名

を与える.

例として, $x = 0, 1, 2, \ldots, 9$, $y = 2x, z = 10 - x$ を描画してみよう.

```
from pandas.plotting import andrews_curves
```

```
andrews_curves(testdf, 3);
```

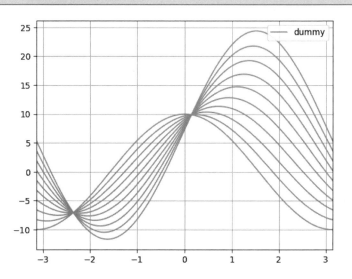

問題 38　（アヤメとポケモン）

1) アヤメ（iris）データをアヤメの種類（class）ごとに Andrew 曲線で描画せよ.

2) ポケモンデータを Andrew 曲線で描画せよ. ただし, 伝説ポケモンか否か（Legendary）でクラス分けを行い, 軸としては体力（HP）, 攻撃力（Attack）, 守備力（Defense）を用いよ.

4.6　データ解析用描画パッケージ seaborn

seaborn を用いることによって, さらに簡単にデータ解析ができ, 描画も綺麗になる. まずは seaborn パッケージを **sns** という別名で読み込んでおく.

```
import seaborn as sns

%matplotlib inline
```

■ 4.6.1 ヒストグラム

seaborn でヒストグラム (histgram, 度数分布表) に対応するものは **displot** (distribution plot) だ.

例として iris (アヤメ) のデータの「がく片長」(sepal length) を描画してみる.

引数としては, 以下のものがあるので, 色々試してみよう.

- bins: ビンの数
- kde: カーネル密度推定の有無
- rug: データの位置 (敷物:rug) の有無

```
df = pd.read_csv(
    "http://logopt.com/data/iris.data",
    names=["sepal length", "sepal width", "petal length", "petal width", "class"],
)
df.head()
```

	sepal length	sepal width	petal length	petal width	class
0	5.1	3.5	1.4	0.2	Iris-setosa
1	4.9	3.0	1.4	0.2	Iris-setosa
2	4.7	3.2	1.3	0.2	Iris-setosa
3	4.6	3.1	1.5	0.2	Iris-setosa
4	5.0	3.6	1.4	0.2	Iris-setosa

```
sns.displot(df["sepal length"], bins=20, rug=True, kde=True);
```

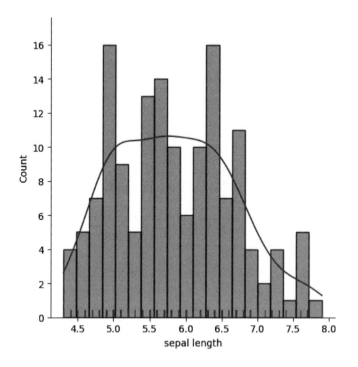

問題 39 （SAT, GPA）

http://logopt.com/data/SATGPA.csv データを読み込み，GPA の分布を distplot を用いて描画せよ.

■ 4.6.2 散布図

seaborn で散布図に対応するものは **jointplot** だ．おまけとして分布も表示される．

引数としては，x, y と *data* の他に種類を表す **kind** がある．

kind は以下のものがとれるので，色々試してみよう.

- "scatter": 普通の散布図
- "reg"：回帰分析
- "resid"：回帰の残差
- "kde"：カーネル密度推定
- "hex"：6 角形格子

```
sns.jointplot(x="sepal length", y="petal length", data=df, kind="scatter");
```

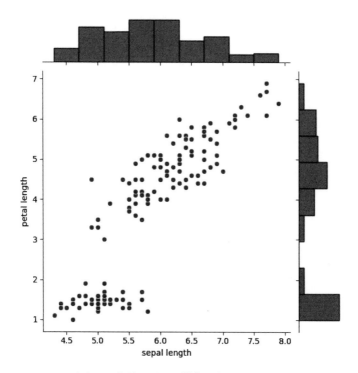

　データフレームに含まれる複数の列間の散布図を一度に描画するには **pairplot** を用いる.

　引数として **hue**（色調）をとることができ，色を変えたい列名（以下の例ではアヤメの種類（class）を指定して描画している.

```
sns.pairplot(df, hue="class");
```

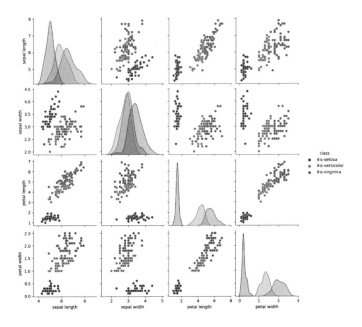

問題 40　（SAT,GPA）

1) `http://logopt.com/data/SATGPA.csv` データを読み込み，MathSAT と GPA の関係を jointplot を用いて描画せよ．

2) `http://logopt.com/data/SATGPA.csv` データを読み込み，MathSAT, Verbal-SAT, GPA の相互関係を pairplot を用いて描画せよ．

■ 4.6.3　回帰プロット

seaborn では統計パッケージ **statsmodels** を用いた回帰分析の結果を描画することができる．

カテゴリカルデータ別の回帰を行いたい場合には **lmplot** を用いる．

例として tips データを用いる．

FacetGrid では行（row）と列（col）を表すカテゴリカルデータを引数で指定できる他に，色調（hue）も用いることができる．

以下の例では，tips データに対して支払総額（total_bill）とチップ（tip）の関係を，行に喫煙者か否か（row="smoker"），列に性別（col="sex"），色調に昼食か夕食か（hue="time"）を設定して分析する．

```
tips = sns.load_dataset("tips")
```

```
tips.head()
```

	total_bill	tip	sex	smoker	day	time	size
0	16.99	1.01	Female	No	Sun	Dinner	2
1	10.34	1.66	Male	No	Sun	Dinner	3
2	21.01	3.50	Male	No	Sun	Dinner	3
3	23.68	3.31	Male	No	Sun	Dinner	2
4	24.59	3.61	Female	No	Sun	Dinner	4

```
sns.lmplot(x="total_bill", y="tip", data=tips, row="smoker", col="sex", hue="time");
```

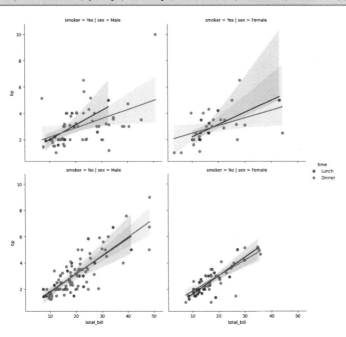

■ 4.6.4 カテゴリカルデータの分析

カテゴリカルデータ別に集計したい場合には，**catplot** を用いると便利だ．
引数は以下の通り．

- x: x 軸
- y: y 軸
- data: データフレーム
- row: 行名
- col: 列名
- hue: 色調
- kind: グラフの種類（point, bar, count, box, violin, strip）

- split: バイオリン図（violin: 箱ひげ図の拡張）の場合だけ有効で，True のとき左右に色調を分けて描画する.

　以下の例では，tips データに対し，日ごと（x）のチップ（y）を喫煙者か否か（row="smoker"），性別（col="sex"），昼食か夕食か（hue="time"）ごとにバイオリン図で描画している.

```
sns.catplot(
    x="day",
    y="tip",
    data=tips,
    row="smoker",
    col="sex",
    hue="time",
    split=True,
    kind="violin",
);
```

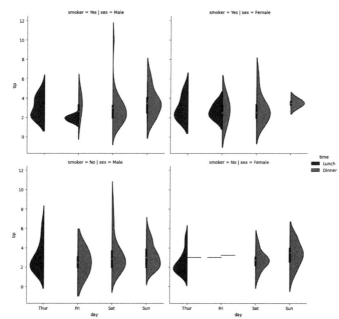

問題 41 （タイタニック）

1) titanic データを読み込み，運賃（fare）と生存確率（survived）のロジスティック回帰を，性別（sex）ごとに行え（ヒント：ロジスティック回帰を行うには，lmplot の引数の logistic を True にする）.

2) titanic データを読み込み，客室クラス（class）と性別（sex）ごとの生存確率
（survived）を集計した結果を描画せよ.

```
titanic = sns.load_dataset("titanic")
titanic.head()
```

	survived	pclass	sex	age	sibsp	parch	fare	embarked	class	who	adult_male	deck	embark_town	alive
0	0	3	male	22.0	1	0	7.2500	S	Third	man	True	NaN	Southampton	no
1	1	1	female	38.0	1	0	71.2833	C	First	woman	False	C	Cherbourg	yes
2	1	3	female	26.0	0	0	7.9250	S	Third	woman	False	NaN	Southampton	yes
3	1	1	female	35.0	1	0	53.1000	S	First	woman	False	C	Southampton	yes
4	0	3	male	35.0	0	0	8.0500	S	Third	man	True	NaN	Southampton	no ↵

alive	alone
no	False
yes	False
yes	True
yes	False
no	True

5 対話型可視化パッケージ Plotly

- 高度な対話型の可視化が可能な Plotly を紹介する.

```
import pandas as pd
import plotly
import plotly.graph_objs as go
```

5.1 インストール方法

本家サイトを参照.

https://plotly.com/python/getting-started/

5.2 図の構成要素

Plotly における図は, 以下のように構成される.
- トレース: 基本描画単位（散布図 Scatter, 線グラフ Line, 棒グラフ Bar などのオブジェクト）
- データ: トレースのリスト（複数のトレースを 1 つの画面に描画）
- レイアウト: 図のレイアウト. タイトル, 軸などを定義
- 図: データとレイアウトから構成されるオブジェクト
  データ以外は, 辞書（の辞書）から成るデータ構造で保管される.

5.3 描画

- **plotly.offline.plot(図オブジェクト)** で html ファイルを出力（と同時にブラウザで表示）

- **図オブジェクト.show()** で Jupyter のノートに出力（Jupyter Lab のバージョンによっ
  ては表示されない）

Plotly の図は matplotlib のような画像ではないので，拡大・縮小だけでなく，トレー
スの選択やマウスオーバーでデータの表示などの対話型の操作ができる.

```
import plotly
import plotly.graph_objs as go

# Google Colab.でプロットするためには，以下を実行する.
# import plotly.io as pio
# pio.renderers.default = "colab"
```

5.4 最初の例

最初の例題として，簡単な散布図（scatter plot）を描画する．グラフオブジェクト **go**
の **Scatter** クラスを用いる.

引数は以下の通り.

- x: x 軸の要素を表すリスト
- y: y 軸の要素を表すリスト
- mode: マーカー（点）markers か，線 lines か，両方かを指定する
- text: マウスオーバー時のテキストを指定
- marker: マーカーの属性を指定した辞書．大きさ size，線の属性を表す辞書 line，色
  color，透過度 opacity などを指定する

```
trace = go.Scatter(
    x=[1, 2, 3, 4, 5],
    y=[10, 20, 30, 20, 10],
    mode="markers + lines",
    text=["A", "B", "C", "D", "E"],
    marker=dict(size=14, line=dict(width=1), color="red", opacity=0.3),
)

data = [trace]

fig = go.Figure(data)
plotly.offline.plot(fig);
```

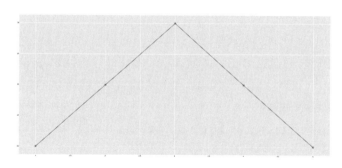

2つ以上のトレースをもつ図も，同様に作ることができる．トレースをクリックする
ことによって選択が可能であり，マウスを点の上に移動させると，データが表示され
ることを確認しよう．

```
trace1 = go.Scatter(
    x=[1, 2, 3, 4, 5],
    y=[10, 20, 30, 20, 10],
    mode="markers + lines",
)

trace2 = go.Scatter(
    x=[1, 2, 3, 4, 5],
    y=[20, 20, 20, 20, 20],
    mode="markers + lines",
)

data = [trace1, trace2]

layout = go.Layout(
    title="2つのトレース",
)

fig = go.Figure(data, layout)
plotly.offline.plot(fig);
```

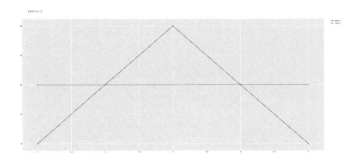

5.5 棒グラフの例

　次の例として，2つのトレースをもつ棒グラフを描画してみよう.

　1つの棒には身長を，もう1つの棒には体重のデータを表示する. これには2つの
トレースを作成し，それを入れたデータリストを作ればよい.

　トレースの名称は，引数 **name** で指定する.

```
trace1 = go.Bar(x=["Sara", "Kitty", "Mickey"], y=[160, 64, 83], name="Height")
trace2 = go.Bar(x=["Sara", "Kitty", "Mickey"], y=[60, 12, 20], name="Weight")

data = [trace1, trace2]

fig = go.Figure(data)
plotly.offline.plot(fig);
```

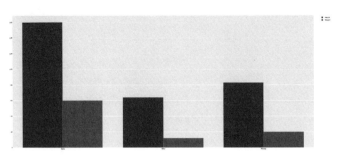

5.6 レイアウト

　上で作成した棒グラフにレイアウト情報を付加しよう.

　ここでは積み上げ棒グラフにして，さらに表題を追加する.

```
layout = go.Layout(
    barmode="stack",
    title="身長と体重",
)
fig = go.Figure(data=data, layout=layout)
plotly.offline.plot(fig);
```

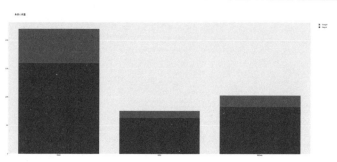

5.7 ヒストグラム

　データフレームに保管されているデータをヒストグラム（histgram; 度数分布表）として描画してみよう.

　例題として用いるのは iris（アヤメ）のデータである.

　まずは pandas を用いてデータを読んでおく.

```
import pandas as pd

iris = pd.read_csv(
    "http://logopt.com/data/iris.data",
    names=["sepal length", "sepal width", "petal length", "petal width", "class"],
)
iris.head()
```

	sepal length	sepal width	petal length	petal width	class
0	5.1	3.5	1.4	0.2	Iris-setosa
1	4.9	3.0	1.4	0.2	Iris-setosa
2	4.7	3.2	1.3	0.2	Iris-setosa
3	4.6	3.1	1.5	0.2	Iris-setosa
4	5.0	3.6	1.4	0.2	Iris-setosa

　アヤメのデータのヒストグラムを描画する.

　ヒストグラムは数値データの分布の概要を知る際に便利である.

```
# ヒストグラムは描画の基本単位であるトレースである. トレースは辞書のような形式で保
  管される.
```

```
# グラフオブジェクトの Histgram クラスを用いて，インスタンスを生成する．
trace1 = go.Histogram(x=iris["sepal length"], opacity=0.75, name="sepal length")
trace2 = go.Histogram(x=iris["sepal width"], opacity=0.75, name="sepal width")
trace3 = go.Histogram(x=iris["petal length"], opacity=0.75, name="petal length")
trace4 = go.Histogram(x=iris["petal width"], opacity=0.75, name="petal width")

# データはトレースのリストである．
data = [trace1, trace2, trace3, trace4]

# レイアウトでグラフのタイトルや軸名を設定する．
# レイアウトも辞書（の辞書）のような形式である．
layout = go.Layout(
    title="Iris Histgram", xaxis=dict(title="Length/Width"), yaxis=dict(title="↵
    Count")
)

# 図（Figure）はデータとレイアウトを合わせたオブジェクトである．
fig = go.Figure(data=data, layout=layout)
plotly.offline.plot(fig);
```

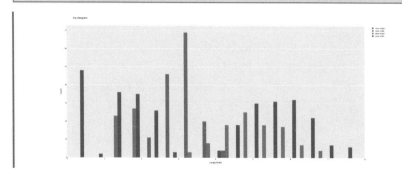

問題 42　（ポケモン）

　以下のように読み込んだポケモンのデータフレームを用いて，攻撃力（Attack），守備力（Defense）のヒストグラムを描画せよ（ヒント：データフレームから一部の列を切り出す方法については，pandas の練習問題を参考にせよ）．

```
pokemon = pd.read_csv("http://logopt.com/data/poke.csv", encoding="utf-8", ↵
    index_col=0)
pokemon.head()
```

	Name	Type 1	Type 2	Total	HP	Attack	Defense	Sp. Atk	Sp. Def	Speed	Generation	Legendary
#												
1	Bulbasaur	Grass	Poison	318	45	49	49	65	65	45	1	False
2	Ivysaur	Grass	Poison	405	60	62	63	80	80	60	1	False
3	Venusaur	Grass	Poison	525	80	82	83	100	100	80	1	False
3	VenusaurMega Venusaur	Grass	Poison	625	80	100	123	122	120	80	1	False
4	Charmander	Fire	NaN	309	39	52	43	60	50	65	1	False ↵

Legendary	Japanese
False	フシギダネ
False	フシギソウ
False	フシギバナ
False	フシギバナ・メガ進化
False	ヒトカゲ

問題 43　（SAT,GPA）

http://logopt.com/data/SATGPA.csv データを読み込み，2 種類の SAT の成績と GPA のヒストグラムを描画せよ．

5.8 散布図

散布図（**scatter plot**) は，2 つの数値データの関係を知る際に便利である．

グラフオブジェクトとしては **Scatter** クラスを用いる．

引数の x と y で x, y 軸に使用するデータ（データフレームの列名）を指定する．

ここではがく片長 sepal length と花びら長 petal length の関係を図示してみる．

```python
trace = go.Scatter(
    x=iris["sepal length"],
    y=iris["petal width"],
    mode="markers",
)

layout = go.Layout(
    title="Iris Scatter",
    xaxis=dict(title="sepal length"),
    yaxis=dict(title="petal width"),
)
data = [trace]
fig = go.Figure(data, layout)
plotly.offline.plot(fig);
```

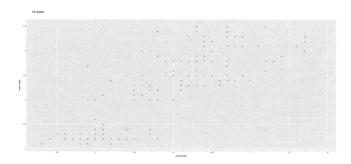

問題 44 （車）

http://logopt.com/data/auto-mpg.data から車のデータを読み込み，重さ weight と燃費 mpg の散布図を描け.

```
L = [
    "mpg",
    "cylinders",
    "displacement",
    "horsepower",
    "weight",
    "acceleration",
    "year",
    "origin",
    "name",
]
car = pd.read_csv(
    "http://logopt.com/data/auto-mpg.data", delim_whitespace=True, names=L
)
```

問題 45 （ダイアモンド）

http://logopt.com/data/Diamond.csv からダイアモンドの価格データを読み込み，カラット carat と価格 price の散布図を描け.

問題 46 （ポケモン）

ポケモンのデータフレームに対して，攻撃力（Attack），守備力（Defense）の関係を散布図に描画せよ.

```
pokemon = pd.read_csv("http://logopt.com/data/poke.csv", encoding="utf-8", ↵
    index_col=0)
pokemon.head()
```

#	Name	Type 1	Type 2	Total	HP	Attack	Defense	Sp. Atk	Sp. Def	Speed	Generation	Legendary
1	Bulbasaur	Grass	Poison	318	45	49	49	65	65	45	1	False
2	Ivysaur	Grass	Poison	405	60	62	63	80	80	60	1	False
3	Venusaur	Grass	Poison	525	80	82	83	100	100	80	1	False
3	VenusaurMega Venusaur	Grass	Poison	625	80	100	123	122	120	80	1	False
4	Charmander	Fire	NaN	309	39	52	43	60	50	65	1	False ↵

Legendary	Japanese
False	フシギダネ
False	フシギソウ
False	フシギバナ
False	フシギバナ・メガ進化
False	ヒトカゲ

他にも色々なグラフが描画できる.

詳細については，本家サイト https://plotly.com/python/ を参照されたい.

6 データを可視化するための方法

- Plotly Express を用いて，可視化の様々な方法を学ぶ．

関連動画 ▶

6.1 データの可視化の準備

データの種類には，以下のものがある．

- 連続数値データ
- カテゴリカルデータ
- 順序データ（ordinal data）：順序づけが可能なもの．離散数値データもこれに含まれる．
- 名義データ（nominal data）：順序がつけられないもの．たとえば，性別（男女）や色など．
- 時刻データ（の組）
- 緯度・経度データ

データの種類を考えて，適切なグラフで描画する必要がある．

時刻データが 1 つの場合には，時系列データとして線グラフで描画する．

時刻データが 2 つ以上の場合には

- ガントチャート（開始時刻と終了時刻）
- 時空間ネットワーク（さらにモノの移動を考慮した場合）が考えられる．

また，緯度・経度データがあるなら，地図上に描画できる．

以下のサイト From Data to Viz の決定木を参照．

`https://www.data-to-viz.com/`

ここでは，以下の例題のデータを pandas で読み込み，Plotly Express で描画する．

`https://github.com/holtzy/data_to_viz/tree/master/Example_dataset`

```
import pandas as pd
import plotly.express as px

# Google Colab.でプロットするためには，以下を実行する.
# import plotly.io as pio
# pio.renderers.default = "colab"
```

6.2 ヒストグラム

まずはヒストグラム（histgram, 度数分布表）を描画してみる.
ヒストグラムは数値データの分布の概要を知る際に便利である.
plotly.express (以下 px）の **histgram** を用いる.

■ 6.2.1 主な引数
- **data_frame**: データフレーム
- **x**: x 軸に用いる列名
- **color**: 色に用いる列名
- **nbins**: ビンの数（x 軸の区分数）
- **marginal**: 上部に表示する付加グラフの種類. "rug"（絨毯プロット), "box"（箱ひげ図), "violin"（バイオリン図), "histogram"（ヒストグラム）から選択する.
- **opacity**: 透過度
- **range_x**: x 軸の表示範囲
- **facet_row**: 行に複数のグラフを表示させるときのカテゴリカルデータが入っている列名
- **facet_column**: 列に複数のグラフを表示させるときのカテゴリカルデータが入っている列名

■ 6.2.2 marginal で表示するグラフの使い分け
- データそのものを見たい場合には絨毯プロット（rug）
- データの大まかな値を見たい場合には箱ひげ図（box）
- 分布を見たい場合にはバイオリン図（violin）

■ 6.2.3 例題: AIRBNB PRICES ON THE FRENCH RIVIERA
Air B&B 社が提供している宿泊施設の価格データを例として用いる.

参照 https://www.data-to-viz.com/story/OneNum.html

```
df1 = pd.read_csv(
    "https://raw.githubusercontent.com/holtzy/data_to_viz/master/Example_dataset↵
    /1_OneNum.csv"
)
df1.head()
```

```
   price
0   75.0
1  104.0
2  369.0
3  300.0
4   92.0
```

```
fig = px.histogram(
    df1, x="price", range_x=(0, 3000), nbins=1000, opacity=0.5, marginal="rug"
)
plotly.offline.plot(fig)
```

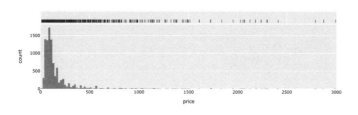

問題 47 （アヤメ）

アヤメのデータ (iris) を読み込み，アヤメの種類（3種）ごとの sepal_length のヒストグラムを描画せよ（ヒント：横に並べるには **facet_col** 引数に種類を表す列名を入れる）．

```
iris = px.data.iris()
iris.head()
```

	sepal_length	sepal_width	petal_length	petal_width	species	species_id
0	5.1	3.5	1.4	0.2	setosa	1
1	4.9	3.0	1.4	0.2	setosa	1
2	4.7	3.2	1.3	0.2	setosa	1
3	4.6	3.1	1.5	0.2	setosa	1
4	5.0	3.6	1.4	0.2	setosa	1

問題 48 (SAT,GPA)

http://logopt.com/data/SATGPA.csv からデータを読み込み，2種類の SAT の成績と GPA のヒストグラムを描画せよ．

問題 49 （ポケモン）

以下のように読み込んだポケモンのデータフレームを用いて，攻撃力 (Attack)，守備力（Defense）のヒストグラムを描画せよ．

```
pokemon = pd.read_csv("http://logopt.com/data/poke.csv", encoding="utf-8")
pokemon.head()
```

	#	Name	Type 1	Type 2	Total	HP	Attack	Defense	Sp. Atk	Sp. Def	Speed	Generation	Legendary
0	1	Bulbasaur	Grass	Poison	318	45	49	49	65	65	45	1	False
1	2	Ivysaur	Grass	Poison	405	60	62	63	80	80	60	1	False
2	3	Venusaur	Grass	Poison	525	80	82	83	100	100	80	1	False
3	3	VenusaurMega Venusaur	Grass	Poison	625	80	100	123	122	120	80	1	False
4	4	Charmander	Fire	NaN	309	39	52	43	60	50	65	1	False ↵

Legendary	Japanese
False	フシギダネ
False	フシギソウ
False	フシギバナ
False	フシギバナ・メガ進化
False	ヒトカゲ

6.3 散布図

散布図（scatter plot) は，2 つの数値データの関係を知る際に便利である．
Plotly Express の **px.scatter** を用いる．

■ 6.3.1 主な引数

- **data_frame**: データフレーム
- **x**: x 軸に用いる列名
- **y**: y 軸に用いる列名
- **color**: 色に用いる列名
- **marginal_x**: x 軸データを上部に表示させるグラフの種類．"rug", "box", "violin", "histogram" から選択する．
- **marginal_y**: y 軸データを右部に表示させるグラフの種類．"rug", "box", "violin", "histogram" から選択する．
- **animation_frame**: 列の数値を元にアニメーションフレームを作成
- **animation_group**: 列の要素ごとにアニメーションをグループ化
- **opacity**: 透過度
- **range_x**: x 軸の表示範囲
- **facet_row**: 行に複数のグラフを表示させるときのカテゴリカルデータが入っている列名
- **facet_column**: 列に複数のグラフを表示させるときのカテゴリカルデータが入っている列名

■6.3.2 例題: APARTMENT PRICE VS GROUND LIVING AREA

住宅の価格と面積の関係を表すデータを例として用いる.

`https://www.data-to-viz.com/story/TwoNum.html`

```
df2 = pd.read_csv(
    "https://raw.githubusercontent.com/holtzy/data_to_viz/master/Example_dataset↵
    /2_TwoNum.csv"
)
df2.head()
```

	GrLivArea	SalePrice
0	1710	208500
1	1262	181500
2	1786	223500
3	1717	140000
4	2198	250000

```
fig = px.scatter(
    df2, x="GrLivArea", y="SalePrice", marginal_y="rug", marginal_x="histogram"
)
plotly.offline.plot(fig)
```

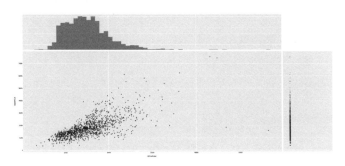

問題 50 （アヤメ）

アヤメのデータを読み込み, がく片長 sepal_length と花びら長 petal_length の関係を散布図で描画せよ.

問題 51 （ダイヤモンド）

`http://logopt.com/data/Diamond.csv` からダイアモンドの価格データを読み込み, カラット carat と価格 price の散布図を描け.

問題 52 (SAT,GPA)

`http://logopt.com/data/SATGPA.csv` からデータを読み込み, MathSAT と GPA

の関係を描画せよ.

問題 53　（ポケモン）

ポケモンのデータフレームに対して, 攻撃力 (Attack), 守備力 (Defense) の関係を散布図に描画せよ.

```
pokemon = pd.read_csv("http://logopt.com/data/poke.csv", encoding="utf-8")
pokemon.head()
```

#	Name	Type 1	Type 2	Total	HP	Attack	Defense	Sp. Atk	Sp. Def	Speed	Generation	Legendary
0 1	Bulbasaur	Grass	Poison	318	45	49	49	65	65	45	1	False
1 2	Ivysaur	Grass	Poison	405	60	62	63	80	80	60	1	False
2 3	Venusaur	Grass	Poison	525	80	82	83	100	100	80	1	False
3 3 VenusaurMega	Venusaur	Grass	Poison	625	80	100	123	122	120	80	1	False
4 4	Charmander	Fire	NaN	309	39	52	43	60	50	65	1	False ↵

Legendary	Japanese
False	フシギダネ
False	フシギソウ
False	フシギバナ
False	フシギバナ・メガ進化
False	ヒトカゲ

問題 54　（タイタニック）

seaborn を用いて titanic データを読み込み, 客室クラス (class) と性別 (sex) ごとの運賃 (fare) と生存確率 (survived) の関係を描画せよ（ヒント：カテゴリカルデータを行（列）に分けて並べるには facet_row(facet_col) 引数に分けたい列名を入れる）.

```
import seaborn as sns

titanic = sns.load_dataset("titanic")
titanic.head()
```

	survived	pclass	sex	age	sibsp	parch	fare	embarked	class	who	adult_male	deck	embark_town	alive
0	0	3	male	22.0	1	0	7.2500	S	Third	man	True	NaN	Southampton	no
1	1	1	female	38.0	1	0	71.2833	C	First	woman	False	C	Cherbourg	yes
2	1	3	female	26.0	0	0	7.9250	S	Third	woman	False	NaN	Southampton	yes
3	1	1	female	35.0	1	0	53.1000	S	First	woman	False	C	Southampton	yes
4	0	3	male	35.0	0	0	8.0500	S	Third	man	True	NaN	Southampton	no ↵

alive	alone
no	False
yes	False
yes	True
yes	False
no	True

問題 55　（チップ）

散布図では, 引数 **trendline** に"ols"(ordinary least square) を指定することによって, 最小自乗法による線形回帰の結果を表示することができる.

　seaborn を用いて tips データを読み込み, 支払総額（total_bill）とチップ（tip）の関係を, 行に喫煙者か否か（facet_row="smoker"）, 列に性別（facet_col="sex"）, 色に昼

食か夕食か（color="time"）を設定して分析せよ.

```
tips = sns.load_dataset("tips")
tips.head()
```

```
   total_bill   tip     sex smoker  day    time size
0       16.99  1.01  Female     No  Sun  Dinner    2
1       10.34  1.66    Male     No  Sun  Dinner    3
2       21.01  3.50    Male     No  Sun  Dinner    3
3       23.68  3.31    Male     No  Sun  Dinner    2
4       24.59  3.61  Female     No  Sun  Dinner    4
```

6.4 線グラフ

時系列データを描画するには，線グラフを用いる.

6.4.1 例題: EVOLUTION OF THE BITCOIN PRICE

ビットコインの価格の推移を例として用いる.

https://www.data-to-viz.com/story/TwoNumOrdered.html

線グラフは **px.line** で描画できる. 引数は散布図とほぼ同じであるので，省略する.

```
df3 = pd.read_csv(
    "https://raw.githubusercontent.com/holtzy/data_to_viz/master/Example_dataset↵
    /3_TwoNumOrdered.csv",
    sep=" ",
)
df3.head()
```

```
         date   value
0  2013-04-28  135.98
1  2013-04-29  147.49
2  2013-04-30  146.93
3  2013-05-01  139.89
4  2013-05-02  125.60
```

```
fig = px.line(df3, x="date", y="value")
plotly.offline.plot(fig)
```

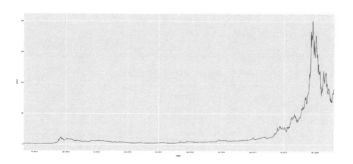

問題 56 （航空機の乗客数）

http://logopt.com/data/AirPassengers.csv からデータを読み込み，横軸に
Month，縦軸に#Passengers を設定して線グラフで描画せよ．

```
passengers = pd.read_csv("http://logopt.com/data/AirPassengers.csv")
passengers.head()
```

	Month	#Passengers
0	1949-01	112
1	1949-02	118
2	1949-03	132
3	1949-04	129
4	1949-05	121

6.5 散布図にさらなる軸を加えるには

散布図は 2 次元の情報を効率的に視覚化してくれる．3 次元以上の情報はどのよう
に視覚化すべきだろうか？ 3 軸目が連続量の場合には，3 次元の散布図も考えられる
が，大きさや色，もしくはアニメーションで視覚化した方がわかりやすい場合がある．

■ 6.5.1 例題: LIFE EXPECTANCY, GDP PER CAPITA AND POPULATION SIZE

以下の例では，国別の GDP，平均寿命，人口のデータを，アニメーションを用いて
可視化する．

https://www.data-to-viz.com/story/ThreeNum.html

```
print(px.data.gapminder.__doc__)
```

Each row represents a country on a given year.

https://www.gapminder.org/data/

```
Returns:
    A `pandas.DataFrame` with 1704 rows and the following columns:
    `['country', 'continent', 'year', 'lifeExp', 'pop', 'gdpPercap',
    'iso_alpha', 'iso_num']`.
    If `datetimes` is True, the 'year' column will be a datetime column
    If `centroids` is True, two new columns are added: ['centroid_lat', '↵
centroid_lon']
    If `year` is an integer, the dataset will be filtered for that year
```

```
df4 = px.data.gapminder()
df4.head()
```

	country	continent	year	lifeExp	pop	gdpPercap	iso_alpha	iso_num
0	Afghanistan	Asia	1952	28.801	8425333	779.445314	AFG	4
1	Afghanistan	Asia	1957	30.332	9240934	820.853030	AFG	4
2	Afghanistan	Asia	1962	31.997	10267083	853.100710	AFG	4
3	Afghanistan	Asia	1967	34.020	11537966	836.197138	AFG	4
4	Afghanistan	Asia	1972	36.088	13079460	739.981106	AFG	4

```
fig = px.scatter(
    df4,
    x="gdpPercap",
    y="lifeExp",
    size="pop",
    color="continent",
    hover_name="country",
    animation_frame="year",
)
plotly.offline.plot(fig);
```

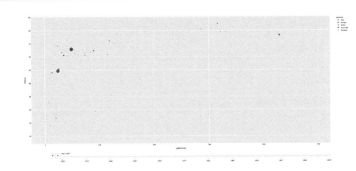

問題 57 （ポケモン）

以下のように読み込んだポケモンのデータフレームを用いて，自分で考えた（適当な列を x,y,size,color,animation_frame などに設定し）散布図を描画せよ．

```
pokemon = pd.read_csv("http://logopt.com/data/poke.csv", encoding="utf-8")
pokemon.head()
```

#		Name	Type 1	Type 2	Total	HP	Attack	Defense	Sp. Atk	Sp. Def	Speed	Generation	Legendary
0	1	Bulbasaur	Grass	Poison	318	45	49	49	65	65	45	1	False
1	2	Ivysaur	Grass	Poison	405	60	62	63	80	80	60	1	False
2	3	Venusaur	Grass	Poison	525	80	82	83	100	100	80	1	False
3	3	VenusaurMega Venusaur	Grass	Poison	625	80	100	123	122	120	80	1	False
4	4	Charmander	Fire	NaN	309	39	52	43	60	50	65	1	False ↵

	Legendary	Japanese
	False	フシギダネ
	False	フシギソウ
	False	フシギバナ
	False	フシギバナ・メガ進化
	False	ヒトカゲ

6.6 特徴間の関係の図示

　複数の特徴をもつデータが与えられたとき，特徴間の関係を一度に図示したいことがある.

■ 6.6.1　例題: ELEVEN FEATURES FOR 32 CARS

　以下の例題では，車の 11 つの特徴から連続量である 6 つの特徴を抽出し，その間の関係を図示する．同時に，1 つのカテゴリカルデータを色で区別する.

https://www.data-to-viz.com/story/SeveralNum.html

```
df5 = pd.read_csv(
    "https://raw.githubusercontent.com/holtzy/data_to_viz/master/Example_dataset↵
    /6_SeveralNum.csv"
)
df5.head()
```

	Unnamed: 0	mpg	cyl	disp	hp	drat	wt	qsec	vs	am	gear	carb
0	Mazda RX4	21.0	6	160.0	110	3.90	2.620	16.46	0	1	4	4
1	Mazda RX4 Wag	21.0	6	160.0	110	3.90	2.875	17.02	0	1	4	4
2	Datsun 710	22.8	4	108.0	93	3.85	2.320	18.61	1	1	4	1
3	Hornet 4 Drive	21.4	6	258.0	110	3.08	3.215	19.44	1	0	3	1
4	Hornet Sportabout	18.7	8	360.0	175	3.15	3.440	17.02	0	0	3	2

```
fig = px.scatter_matrix(
    df5, dimensions=["mpg", "disp", "drat", "hp", "qsec", "wt"], color="gear"
)
plotly.offline.plot(fig);
```

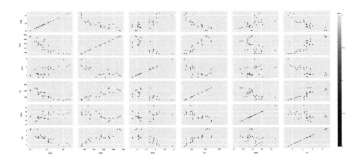

問題 58 (SAT,GPA)

http://logopt.com/data/SATGPA.csv からデータを読み込み，MathSAT, Verbal-SAT, GPA の相互関係を描画せよ．

6.7 棒グラフ

x 軸がカテゴリカルデータ，y 軸が連続データの場合には，棒グラフを用いることが多い．

■ 6.7.1 例題: WHO SELLS MORE WEAPONS?
以下では，国別の兵器販売額を棒グラフで図示する．

https://www.data-to-viz.com/story/OneNumOneCat.html

```
df6 = pd.read_csv(
    "https://raw.githubusercontent.com/holtzy/data_to_viz/master/Example_dataset↵
    /7_OneCatOneNum.csv"
)
df6.head()
```

	Country	Value
0	United States	12394.0
1	Russia	6148.0
2	Germany (FRG)	1653.0
3	France	2162.0
4	United Kingdom	1214.0

```
fig = px.bar(df6, x="Country", y="Value")
plotly.offline.plot(fig)
```

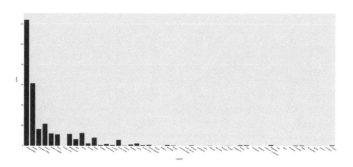

6.8 積み上げ棒グラフ

棒グラフにもう 1 軸追加したい場合には，積み上げ棒グラフを用いる．

■ 6.8.1 例題: THE GENDER WAGE GAP

以下の例題では，国別，年代別の男女の賃金格差を表示する．

https://www.data-to-viz.com/story/OneNumSevCatSubgroupOneObsPerGroup
.html

```
df7 = pd.read_csv(
    "https://raw.githubusercontent.com/holtzy/data_to_viz/master/Example_dataset
    /9_OneNumSevCatSubgroupOneObs.csv"
)
df7.head()
```

```
      Country TIME Value
0   Australia 2000  17.2
1   Australia 2005  15.8
2   Australia 2010  14.0
3   Australia 2015  13.0
4      Austria 2000  23.1
```

```
fig = px.bar(df7, x="Country", y="Value", color="TIME")
plotly.offline.plot(fig)
```

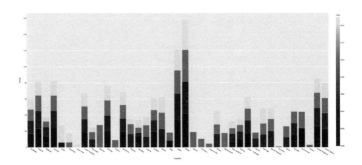

問題 59 （賃金格差）

上の賃金格差の例題において，x 軸を年 (TIME) に設定し，国 (Country) を積み上げた棒グラフを描画せよ.

6.9 地図の描画

散布図の x, y 座標の代わりに，緯度・経度を使うと地図上へプロットすることができる.

■ 6.9.1 例題: THE BIGGEST UK CITIES

以下の例では，英国の主要都市の人口を点の大きさに表示して描画する.

https://www.data-to-viz.com/story/GPSCoordWithValue.html

地図の描画には，mapbox の token が必要になる．以下のサイトで登録し，token を得てから"mapbox_token.txt"というテキストファイルを作成し，そこに保管しておく.

https://www.mapbox.com/

以下では，token がファイルに保管されていると仮定し，読み込んでから地図を描画する．また，引数 **zoom** で地図上での拡大を設定できる.

なお，レイアウトでスタイルに"open-street-map"を使用すれば，token なしでも描画できる.

```
df8 = pd.read_csv(
    "https://raw.githubusercontent.com/holtzy/data_to_viz/master/Example_dataset↩
    /18_ListGPSCoordinatesWithValue.csv",
    sep=" ",
)
df8.head()
```

```
      lat   long     pop               name
0  51.65  -3.14   10146  Abercarn-Newbridge
1  51.72  -3.46   33048            Aberdare
2  57.15  -2.10  184031            Aberdeen
3  51.83  -3.02   14251         Abergavenny
4  53.28  -3.58   17819            Abergele
```

```
# tokenを準備したら以下の行を生かす
# px.set_mapbox_access_token(open("mapbox_token.txt").read())
fig = px.scatter_mapbox(
    df8, lat="lat", lon="long", size="pop", hover_name="name", zoom=5
)
# tokenがない場合には以下の行を生かす.
# fig.update_layout(mapbox_style="open-street-map")
plotly.offline.plot(fig)
```

問題 60 （カーシェアリング）

　以下のカーシェアリングのデータを地図上に描画せよ. zoom を適切に設定し, car_hours を点の大きさに, peak_hour を色で区別して描画せよ.

```
carshare = px.data.carshare()
carshare.head()
```

```
   centroid_lat  centroid_lon     car_hours  peak_hour
0     45.471549    -73.588684  1772.750000          2
1     45.543865    -73.562456   986.333333         23
2     45.487640    -73.642767   354.750000         20
3     45.522870    -73.595677   560.166667         23
4     45.453971    -73.738946  2836.666667         19
```

6.10 コロプレス図

　地図上に数値情報を色で表示した図を, コロプレス図と呼ぶ.

　以下では, 国別の寿命を年ごとの変化をアニメーションとして表示する（下部の year をクリックすると徐々に色が変わる）.

■ 6.10.1 重要な引数

- location: 地名を表す列名を入れる. 以下の locationmode で緯度・経度の情報に変換される.

- locationmode: location の情報が, "ISO-3"（国の略称：既定値）, "USA-states"（米国の州名）, "country names"（国名）のいずれかを指定する.

```
df4 = px.data.gapminder()
df4.head()
```

	country	continent	year	lifeExp	pop	gdpPercap	iso_alpha	iso_num
0	Afghanistan	Asia	1952	28.801	8425333	779.445314	AFG	4
1	Afghanistan	Asia	1957	30.332	9240934	820.853030	AFG	4
2	Afghanistan	Asia	1962	31.997	10267083	853.100710	AFG	4
3	Afghanistan	Asia	1967	34.020	11537966	836.197138	AFG	4
4	Afghanistan	Asia	1972	36.088	13079460	739.981106	AFG	4

```
fig = px.choropleth(
    df4,
    locations="iso_alpha",
    locationmode="ISO-3",
    color="lifeExp",
    hover_name="country",
    animation_frame="year",
)
plotly.offline.plot(fig)
```

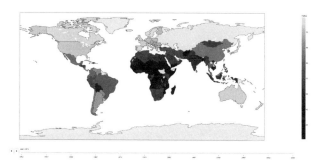

問題 61 （アルコール摂取量）

　世界のアルコール摂取量のデータを http://logopt.com/data/drinks.csv から読み込み, コロプレス図で各国のワイン摂取量 (wine_servings) を描画せよ (ヒント: 国の略称のかわりに国名を使うには, locationmode 引数に"country names"を入れる).

```
drinks = pd.read_csv("http://logopt.com/data/drinks.csv")
drinks.head()
```

	country	beer_servings	spirit_servings	wine_servings	total_litres_of_pure_alcohol	continent
0	Afghanistan	0	0	0	0.0	Asia
1	Albania	89	132	54	4.9	Europe
2	Algeria	25	0	14	0.7	Africa
3	Andorra	245	138	312	12.4	Europe
4	Angola	217	57	45	5.9	Africa

6.11 並行座標図

散布図では 3 次元までの図を可視化できるが，4 次元以上だと人間の目では無理だ．
多次元データを可視化するための方法として**並行座標図 parallel_coordinates** がある．
これは散布図の y 軸を x 軸と並行にしたものである．複数の y 軸があっても大丈夫
だが，あまり多いとよく分からなくなる．

　ここでは iris（アヤメ）のデータフレームを，アヤメの種類を表す番号 "species_id"
で色分けして，並行座標図に描画する．

　Plotly では，範囲をマウスで指定したり，軸を入れ替えたりして分析できる．

```
iris = px.data.iris()
fig = px.parallel_coordinates(iris, color="species_id")
plotly.offline.plot(fig)
```

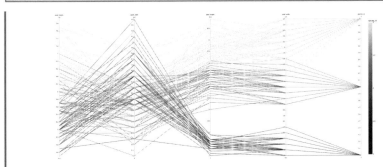

　カテゴリカルデータに対する平行座標図を描画するには，**parallel_categories** を用
いる．
　以下では，tips データセットに対して，来客人数 (size) で色分けして描画する．

```
tips = px.data.tips()
tips.head()
```

	total_bill	tip	sex	smoker	day	time	size
0	16.99	1.01	Female	No	Sun	Dinner	2
1	10.34	1.66	Male	No	Sun	Dinner	3
2	21.01	3.50	Male	No	Sun	Dinner	3
3	23.68	3.31	Male	No	Sun	Dinner	2
4	24.59	3.61	Female	No	Sun	Dinner	4

```
fig = px.parallel_categories(tips, color="size")
plotly.offline.plot(fig)
```

問題 62 （肺癌）

　以下の肺癌のデータから，適当な列を 4 つ切り出し，parallel_coordinates で可視化
せよ．

```
from sklearn.datasets import load_breast_cancer

cancer = load_breast_cancer()
cancer_df = pd.DataFrame(cancer.data, columns=cancer.feature_names)
cancer_df.head()
```

	mean radius	mean texture	mean perimeter	mean area	mean smoothness	mean compactness	mean concavity	mean concave points
0	17.99	10.38	122.80	1001.0	0.11840	0.27760	0.3001	0.14710
1	20.57	17.77	132.90	1326.0	0.08474	0.07864	0.0869	0.07017
2	19.69	21.25	130.00	1203.0	0.10960	0.15990	0.1974	0.12790
3	11.42	20.38	77.58	386.1	0.14250	0.28390	0.2414	0.10520
4	20.29	14.34	135.10	1297.0	0.10030	0.13280	0.1980	0.10430 ↵

mean symmetry	mean fractal dimension	...	worst radius	worst texture	worst perimeter	worst area	worst smoothness
0.2419	0.07871	...	25.38	17.33	184.60	2019.0	0.1622
0.1812	0.05667	...	24.99	23.41	158.80	1956.0	0.1238
0.2069	0.05999	...	23.57	25.53	152.50	1709.0	0.1444
0.2597	0.09744	...	14.91	26.50	98.87	567.7	0.2098
0.1809	0.05883	...	22.54	16.67	152.20	1575.0	0.1374 ↵

worst compactness	worst concavity	worst concave points	worst symmetry	worst fractal dimension
0.6656	0.7119	0.2654	0.4601	0.11890
0.1866	0.2416	0.1860	0.2750	0.08902
0.4245	0.4504	0.2430	0.3613	0.08758
0.8663	0.6869	0.2575	0.6638	0.17300
0.2050	0.4000	0.1625	0.2364	0.07678

問題 63 （車）

　以下の車のデータから，適当な列を 4 つ切り出し，parallel_coordinates で可視化せよ．

```
car = pd.read_csv(
    "https://raw.githubusercontent.com/holtzy/data_to_viz/master/Example_dataset↵
    /6_SeveralNum.csv"
)
car.head()
```

	Unnamed: 0	mpg	cyl	disp	hp	drat	wt	qsec	vs	am	gear	carb
0	Mazda RX4	21.0	6	160.0	110	3.90	2.620	16.46	0	1	4	4
1	Mazda RX4 Wag	21.0	6	160.0	110	3.90	2.875	17.02	0	1	4	4
2	Datsun 710	22.8	4	108.0	93	3.85	2.320	18.61	1	1	4	1
3	Hornet 4 Drive	21.4	6	258.0	110	3.08	3.215	19.44	1	0	3	1
4	Hornet Sportabout	18.7	8	360.0	175	3.15	3.440	17.02	0	0	3	2

問題 64　（まとめ）

以下のポケモンデータに対して，「自分なりに考えて，興味深い結論を得られるような」分析を行い，その結論を導くために用いた図を示せ．また，図の種類を選んだ理由を説明せよ．

ポケモンデータ豆知識

- 最初の♯の列の整数はポケモンの通し番号である．
- ポケモンの英語名は Name 列，日本語名は Japanese 列に入っている．
- ポケモンはタイプをもつ．Type 1 列に主要な種類（草タイプポケモンなら Grass），Type 2 に副次的な種類（毒タイプなら Poisson）が入る．
- ポケモンの能力は体力（HP）から速度（Speed）までの列に数値として入っている．その合計が Total 列に入っている．
- Generation の列は，世代が入っており，初代は 1 で始まる整数である．
- Legendary の列が True のポケモンは，伝説のポケモンといって珍しい．
- 同種のポケモンが，進化，メガ進化する．たとえばフシギダネは，フシギソウ，フシギバナと進化し，さらにメガ進化する．これらは，連続した行に入っている．

```
pokemon = pd.read_csv("http://logopt.com/data/poke.csv", encoding="utf-8")
pokemon.head()
```

#		Name	Type 1	Type 2	Total	HP	Attack	Defense	Sp. Atk	Sp. Def	Speed	Generation	Legendary
0	1	Bulbasaur	Grass	Poison	318	45	49	49	65	65	45	1	False
1	2	Ivysaur	Grass	Poison	405	60	62	63	80	80	60	1	False
2	3	Venusaur	Grass	Poison	525	80	82	83	100	100	80	1	False
3	3	VenusaurMega Venusaur	Grass	Poison	625	80	100	123	122	120	80	1	False
4	4	Charmander	Fire	NaN	309	39	52	43	60	50	65	1	False ↵

Legendary	Japanese
False	フシギダネ
False	フシギソウ
False	フシギバナ
False	フシギバナ・メガ進化
False	ヒトカゲ

7 Python言語 先進的プログラミング

- 教科書ではあまり習わない Python の便利な文法と先進的パッケージを紹介する.

　ここでは，実際問題を解決するときに便利な Python の比較的進んだ文法やパッケージを紹介する.

- ジェネレータ
- simpy によるシミュレーション
- 型ヒント
- dataclasses
- pydantic パッケージによる型の厳密化
- 既定値をもつ辞書 defaultdict
- map 関数
- 正規表現
- JSON
- Requests パッケージ
- OpenPyXL による Excel 連携
- Streamlit による Web アプリ作成

関連動画▶

7.1 ジェネレータ

　ジェネレータとは，反復子（イテレータ）を生成するための仕組みであり，関数の内部で **yield** 文を入れることによって作ることができる.

def 関数名(引数)：

　　yield 生成したいもの

　たとえば，2,3,5,7 の数値を順番に生成するジェネレータ prime は，以下のようにな

り，for 文で range() の代わりに prime() とすると，素数を順に入れた反復ができる．

```
def prime():
    yield 2
    yield 3
    yield 5
    yield 7
```

```
for i in prime():  # [2,3,5,7]
    print(i)
```

```
2
3
5
7
```

関数の中で for や while を用いた反復文を使い，生成する数値をたくさん（無限個）生成しておいてもメモリに負担をかけることはない．使った分だけ順に生成されるからだ．例として，2 のべき乗を無限に生成するジェネレータとその使用法を示す．

```
def expon():
    i = 1
    while True:
        i *= 2
        yield i
```

```
for i in expon():
    print(i)
    if i >= 100:
        break
```

```
2
4
8
16
32
64
128
```

問題 65

フィボナッチ数 F_n は

$$F_1 = 1$$

$$F_2 = 1$$

$$F_n = F_{n-1} + F_{n-2}$$

と定義される数列である．フィボナッチ数を順に生成するジェネレータを作り，100
未満のフィボナッチ数を順に出力せよ．

問題 66

itertools パッケージの permutations は，与えたリストの順列を順に生成するジェネ
レータ関数である．適当なリストを作り，順列の最初の 5 個を表示せよ．

7.2 simpy によるシミュレーション

simpy はシミュレーションのための Python パッケージである．simpy は標準パッ
ケージではないので，インストールしておく必要がある．

simpy では，ジェネレータ関数によって生成されたイベントをもとにシミュレーショ
ンを行う．

基本的な使い方は以下の通りである．

```
import simpy
env = simpy.Environment()          #シミュレーション環境を定義する
env.process(ジェネレータ関数(env)) #ジェネレータを環境に登録する
                                   # （ここではシミュレーションは実行されない）
env.run(制限時間)                   #制限時間分だけシミュレーションを行う
```

10 分給油すると 60 分走行する車を 300 分だけシミュレートしてみよう．

```
import simpy

def car(env):
    while True:
        print(f"{env.now}：給油中")  # nowで現在時刻を得ることができる
        yield env.timeout(10)  # timeoutで時間を経過させることができる
        print(f"{env.now}：走行中")
        yield env.timeout(60)


env = simpy.Environment()  # シミュレーション環境を定義する
env.process(car(env))  # ジェネレータを環境に登録する（ここではシミュレーションは実
    行されない）
env.run(300)  # 制限時間分だけシミュレーションを行う
```

```
0：給油中
10：走行中
70：給油中
```

```
80 : 走行中
140 : 給油中
150 : 走行中
210 : 給油中
220 : 走行中
280 : 給油中
290 : 走行中
```

問題 67

　工場内で稼働する AGV（Autimated Guided Vehicle; 自動搬送車）の動きをシミュレートしたい．AGV は 3 秒直進すると，1 秒かかって右折し，5 秒直進する動作を繰り返す．100 秒までの動作を出力せよ．

■7.2.1　クラスを使った在庫シミュレーション

　simpy で複数のジェネレータ関数を定義する場合には，関数間で変数の受け渡しをする必要が出てくることが多い．大域的変数を使うのを避けるために，シミュレーション用のクラスを使うのが推奨される．

　簡単な在庫のシミュレータを作成しよう．

　いま，顧客が $[1, 10]$ の一様な時間間隔でやってきて，1 単位の需要が発生するものとする．在庫ポジション（手持ち在庫に発注済の量を加えた量）が発注点 ROP 以下になったときに，一定量 Q を発注するものとする．発注した量はリード時間 LT 後に到着するものと仮定したときのシミュレーションを考える．

　クラスは以下のメソッドから構成される．

- コンストラクタ init：シミュレーション環境 env とパラメータを受け取り，内部変数に保存する．以下の需要ジェネレータを環境に登録する．
- 需要ジェネレータ demand：時間間隔 $[1, 10]$ で需要を発生させ，手持ち在庫 inventory ならびに在庫ポジション inv_position を 1 減らし，在庫ポジションが発注点未満なら，在庫ポジションを Q 増やし，以下の発注処理を行う．
- 発注処理 order: リード時間 LT 後に手持ち在庫を Q 増やす．

```python
import simpy
import random

class inv_simulation:
    def __init__(self, env, LT, ROP, Q):
        self.env = env
        self.env.process(self.demand())
        self.LT = LT
        self.ROP = ROP
```

```
        self.Q = Q
        self.inventory = self.ROP
        self.inv_position = self.inventory

    def demand(self):
        while True:
            yield (self.env.timeout(random.randint(1, 11)))
            print(f"{env.now} : inventory={self.inventory}")
            self.inventory -= 1
            self.inv_position -= 1
            if self.inv_position < self.ROP:
                print(f"{self.env.now} : order")
                self.inv_position += self.Q
                self.env.process(self.order())

    def order(self):
        yield (self.env.timeout(self.LT))
        print(f"{self.env.now} : reprenishment")
        self.inventory += self.Q
```

```
env = simpy.Environment()
sim = inv_simulation(env, LT=100, ROP=50, Q=30)
sim.env.run(150)
```

```
1 : inventory=50
1 : order
3 : inventory=49
4 : inventory=48
11 : inventory=47
14 : inventory=46
15 : inventory=45
21 : inventory=44
30 : inventory=43
34 : inventory=42
35 : inventory=41
38 : inventory=40
46 : inventory=39
50 : inventory=38
55 : inventory=37
57 : inventory=36
65 : inventory=35
69 : inventory=34
75 : inventory=33
85 : inventory=32
90 : inventory=31
95 : inventory=30
101 : reprenishment
106 : inventory=59
```

```
108 : inventory=58
116 : inventory=57
121 : inventory=56
125 : inventory=55
126 : inventory=54
130 : inventory=53
139 : inventory=52
147 : inventory=51
```

問題 68

リード時間 LT がランダムな値(確率分布は自分で適当に決める)をとるように拡張せよ.

問題 69

平均在庫量や品切れ量をカウントするように変更せよ.

問題 70

発注方策を,発注点をきったときに「基在庫レベル − 在庫ポジション」だけ発注するように変更せよ.基在庫レベルはパラメータである.これを色々変えたときの平均在庫量と品切れ量を調べてみよ.

7.3 型ヒント

Python では型は指定しなくても動く.しかし,最近では型を指定して記述することが**できる**ようになった.

これを **型ヒント**(type hint)と呼ぶ.上で,「できる」という部分が重要で,型ヒントを記述しなくても良いが,しておくことによって,分かりやすく,かつエラーをしにくくなる.また,いくつかの先進的なパッケージはこれを積極的に利用して,より堅牢なプログラムを目指している.

型ヒントは,「変数名:型名」と指定する.関数の返値の指定は,関数の定義の括弧の後に「-> 型名」を追加する.

以下の例は,整数 x を 2 倍した整数を返す関数である.

```
def f(x: int) -> int:
    return x * 2
```

```
f(12)
```

24

ただし，型ヒントは，プログラム自体には**何の影響も与えない**ので，引数に文字列を
入れてもエラーしない．

```
f("hello")
```

'hellohello'

問題 71

以下のプログラムに型ヒントを追加せよ．

```
# 2つの整数mとnの最小公倍数を返す関数
def gcd(m, n):
    if n == 0:
        return m
    return gcd(n, m % n)

m = 100
n = 8
print(gcd(m, n))
```

4

```
# 与えられた文字列sが回文であるか否かを判定する関数
def palindrome(s):
    if len(s) <= 1:
        return True
    elif s[0] == s[-1]:
        return palindrome(s[1:-1])
    else:
        return False

print(palindrome("たけやぶやけた"))
print(palindrome("たけやぶやけてない"))
```

True
False

関連動画▶

▋7.4▋ dataclasses パッケージ

dataclasses パッケージの dataclass デコレータと**型ヒント**を使うと，簡易的にクラスを生成することができる（**デコレータ**とは，関数やクラスを修飾する関数であり，@を先頭につける）．

デコレータ dataclass の引数 order を True にすることによって，比較関連の演算子を定義したクラスを生成できる．

以下の例では，名前（文字列）と身長（整数）と体重（浮動小数点数）を属性として定義したクラス Customer を自動生成している．

比較演算子を定義してあるので，身長，体重，名前のタプルでソートすることができる．

```python
from dataclasses import dataclass

@dataclass(order=True)
class Customer:
    height: int = 180
    weight: float = 70.0
    name: str = "No Name"

c1 = Customer(name="Kitty")
c2 = Customer(150, 40.0, "Daniel")
c3 = Customer(150, 60.0, "Dora")
print(c1, c2, c3)
L = [c1, c2, c3]
L.sort()
print(L)
```

```
Customer(height=180, weight=70.0, name='Kitty') Customer(height=150, weight=40.0, ↵
name='Daniel') Customer(height=150, weight=60.0, name='Dora')
[Customer(height=150, weight=40.0, name='Daniel'), Customer(height=150, weight↵
=60.0, name='Dora'), Customer(height=180, weight=70.0, name='Kitty')]
```

▋問題 72▶

上で作成した Customer クラスに「体重/身長の 2 乗」で定義されるボディマス指数を表す属性 bmi (不動小数点数) を追加せよ．

問題 73

地名（文字列）と座標 x, y（2 つの浮動小数点数）を属性としてもつクラスを作れ.
3 つの地点のインスタンスをリストに入れたとき, x 座標（同点の場合には y 座標）の
小さい順に並べるには, どうしたら良いか?

7.5 pydantic パッケージによる型の厳密化

pydantic パッケージを使うことによって, 型指定の厳密化ができる. pydantic は標
準パッケージではないので, インストールしておく必要がある.

以下の例では, 名前（文字列）, 身長（整数）, 体重（浮動小数点数), 友人リスト（リ
ストの要素は文字列）のクラス Customer を生成している.

既定値が指定されていない場合には, 属性は必須になり, クラス生成時に省略でき
ない.

```python
from typing import List
from pydantic import BaseModel, ValidationError

class Customer(BaseModel):
    name: str
    height: int
    weight: float
    friends: List[str] = []

# c1 = Customer(name = "Kitty") #身長, 体重がないので,　エラー
c1 = Customer(name="Kitty", height=180, weight=60.0)  # ←
    friendsは既定値が指定されているので, 省略可
print(c1)
```

```
name='Kitty' height=180 weight=60.0 friends=[]
```

引数の型が異なる場合には, 指定された型に合うように変換される.

```python
c2 = Customer(name=123, height=180.0, weight=60, friends=["Kitty"])
print(c2)
```

```
name='123' height=180 weight=60.0 friends=['Kitty']
```

変換できない場合には ValidationError が発生する. このエラーを try ... except ... で
キャッチすることにより, より詳細なエラー情報を得ることができる.

```python
try:
    c2 = Customer(height="Heigh", weight=60, friends="Kitty")
except ValidationError as e:
    print(e)
```

```
3 validation errors for Customer
name
  field required (type=value_error.missing)
height
  value is not a valid integer (type=type_error.integer)
friends
  value is not a valid list (type=type_error.list)
```

問題 74

顧客名（文字列），緯度（浮動小数点数），経度（浮動小数点数），商品（整数のリスト）からなるクラスを pydantic で作れ．

データを色々と与えて，どのようなエラーがでるか，エラーを把握できるかを確認せよ．

関連動画▶

7.6 既定値をもつ辞書 defaultdict

通常の辞書は，存在しないキーに対して値を得ようとするとエラーする．これは，以下のように簡単に回避できるが，ちょっと面倒くさい．

既定値が 0 である辞書 D を作りたいと仮定する．

```
D = dict(one=1, two=2)
print(D)
# print(D["zero"])        #エラー
print(D.get("zero", 0))  #getで回避
# 辞書に入っているかをif文で判定して回避
if "zero" in D:
    print(D["zero"])
else:
    print(0)
```

```
{'one': 1, 'two': 2}
0
0
```

collections パッケージに defaultdict 関数がある．これは，既定値を指定した辞書を生成する．

引数は関数であり，その返値が既定値になる．たとえば int とすると int() は 0 を返すので，既定値は 0 になり，list とすると空のリストになる．

```
from collections import defaultdict

D = defaultdict(int)
D["zero"]
```

```
0
```

defaultdict の使用例として，以下の文章の文字の出現回数を辞書に保管する．

```
sentense = """
I am, my lord, as well derived as he,
As well possess'd; my love is more than his;
My fortunes every way as fairly rank'd,
If not with vantage, as Demetrius';
And, which is more than all these boasts can be,
I am beloved of beauteous Hermia:
Why should not I then prosecute my right?
Demetrius, I'll avouch it to his head,
Made love to Nedar's daughter, Helena,
And won her soul; and she, sweet lady, dotes,
Devoutly dotes, dotes in idolatry,
Upon this spotted and inconstant man.
"""

Count = defaultdict(int)
for s in sentense:
    Count[s] += 1
print(Count)
```

```
defaultdict(<class 'int'>, {'\n': 13, 'I': 5, ' ': 77, 'a': 30, 'm': 11, ',': 16, '↵
y': 11, 'l': 19, 'o': 28, 'r': 17, 'd': 21, 's': 32, 'w': 7, 'e': 44, 'i': 17, 'v':↵
 8, 'h': 19, 'A': 3, 'p': 4, "'": 5, ';': 4, 't': 30, 'n': 21, 'M': 2, 'f': 4, 'u':↵
 11, 'k': 1, 'g': 3, 'D': 3, 'c': 5, 'b': 4, 'H': 2, ':': 1, 'W': 1, '?': 1, 'N': ↵
1, 'U': 1, '.': 1})
```

7.7 map 関数

map 関数は，以下のように使う．

map(関数のようなもの，リストのようなもの)

返値は，リストに含まれる要素ごとに関数を適用して得られた結果（マップオブジェクト）である．

例を示そう．

```
numbers = "12 56 46".split()
print(numbers)
m = map(int, numbers)
print(m)
print(list(m))
for i in map(int, numbers):
    print(i)
```

```
['12', '56', '46']
<map object at 0x7fc64892cbe0>
[12, 56, 46]
12
56
46
```

例として "'Taro', 180, 69 \n 'Jiro', 170, 50 \n 'Saburo', 160, 40" という文字列から，人名をキーとして身長と体重のタプル（浮動小数点値に変換）を値とした辞書 D を生成する.

```
D = {}
data = "'Taro', 180, 69 \n 'Jiro', 170, 50 \n 'Saburo', 160, 40"
for line in data.split("\n"):
    L = line.split(",")
    height, weight = map(float, L[1:])
    D[L[0]] = (height, weight)
print(D)
```

```
{"'Taro'": (180.0, 69.0), " 'Jiro'": (170.0, 50.0), " 'Saburo'": (160.0, 40.0)}
```

問題 75

上の辞書 D を既定値を空のリストとした defaultdict として生成し，人名をキー，身長と体重を入れたリストを値とせよ.

問題 76

OR Lib.（http://people.brunel.ac.uk/~mastjjb/jeb/info.html）にある問題例を 1 つ選択し，defaultdict（複数必要な問題例もある）にデータを格納せよ（http://people.brunel.ac.uk/~mastjjb/jeb/info.html にある問題例を 1 つ選択し，defaultdict（複数必要な問題例もある）にデータを格納せよ）.

どのようなデータ構造を使えば，問題を解きやすいか考えて，設計せよ.

関連動画

7.8 正規表現

正規表現（regular expression, regex）は Python に限らず，様々なプログラミング言語で使用される便利な仕組みである．

正規表現自体は先進的ではないが，分かりにくい学習サイトが多いので，簡単に紹介しておく．

JupyterLab の検索（Edit メニューもしくは Command F で起動）やほとんどのモダンなエディタ（たとえば Visual Studio Code）でも，正規表現が使える． 検索窓の .* を押すと，正規表現になる．

以下のサイトで様々な正規表現を試すことができる．

https://pythex.org/

正規表現の記法は膨大であるので，ここでは Python で使う場合の基礎を学ぶ．

正規表現パッケージは，標準パッケージ **re** である．

re パッケージには，文字列から決められたパターンに対して，（ほんの一部の例であるが）以下のような操作ができる．

• match: パターンを含むか否かの判定

• findall: すべてのパターンの列挙

• split: パターンによる分割

• sub: 文字列による置き換え

上の関数に与えるのは，正規表現とよばれるパターン文字列であり，エスケープシークエンス \ を含む場合があるので，文字列の前に **r** を入れておく．

たとえば，アルファベットの大文字は，**r"[A-Z]"** と表現される． **[ ]** は括弧内のいずれかを表し，**A-Z** は A から Z の範囲を表す．

"Kitty White"という文字列からアルファベットの大文字を探索するには，以下のようにする．

```python
import re
re.findall(r"[A-Z]", "Kitty White")
```

```
['K', 'W']
```

上の例の [] はメタ文字とよばれ，他にも（ほんの一部であるが）以下のようなものがある．

メタ文字	意味
.	1 文字
^	次の文字から始まる
$	前の文字で終わる
*	前の文字の 0 回以上の繰り返し
+	前の文字の 1 回以上の繰り返し
?	前の文字が 0 回か 1 回
[^A-Z]	A-Z 以外
()	グループ化
		または

メタ文字を使いたい場合には，\（バックスラッシュ）を前に書く必要がある．たとえば，. を探したい場合には，\. と書く．

他にも，以下のような表現が準備されている．

文字	意味
\t	タブ
\n	改行
\d	すべての数字
\s	空白文字列
\w	アルファベット，数字，アンダーバー _

例として，空白文字列（\s）で"Kitty White"を分割してみる．

```
re.split(r"\s", "Kitty White")
```

```
['Kitty', 'White']
```

問題 77

t という文字の 1 回以上の繰り返しで，"Kitty White"を分割せよ．

問題 78

以下の文字列 s から，数字だけを正規表現を用いて抽出せよ．

```
s = """
0          [0, 32400]
1     [[3600, 14400]]
2     [[14400, 25200]]
3     [[14400, 21600]]
"""
```

関連動画

7.9 JSON

JSON（JavaScript Object Notation）は，テキストベースのデータフォーマットであり，データの受け渡しの際には，非常に便利である．

JSON のサンプルデータは，以下のサイトで生成したものを加工した．

https://www.json-generator.com/

JSON は単なる文字列であり，**json.loads** 関数で読み込むことができる．

JSON オブジェクトは Python の辞書に，array はリストに，true は True に，null は None に変換される．

```python
import json

customer_string = """
{ "customers": [
  {
    "index": 0,
    "age": 25,
    "name": "Lisa Hansen",
    "gender": "female",
    "user": true,
    "email": "lisahansen@centregy.com",
    "phone": "+1 (884) 580-2826",
    "address": "914 Will Place, Avalon, Delaware, 4582",
    "friends": [
      {
        "id": 0,
        "name": "Holloway Stout"
      },
      {
        "id": 1,
        "name": "Suzette Gross"
      },
      {
        "id": 2,
        "name": "Madge Sexton"
      }
    ]
  },
  {
```

```
    "index": 1,
    "age": 29,
    "name": "Wise Greene",
    "gender": "male",
    "user": false,
    "email": "wisegreene@avit.com",
    "phone": "+1 (821) 552-3810",
    "address": "295 Story Court, Clay, Virgin Islands, 4262",
    "friends": null
  }
  ]
}
"""
data = json.loads(customer_string)
data
```

```
{'customers': [{'index': 0,
   'age': 25,
   'name': 'Lisa Hansen',
   'gender': 'female',
   'user': True,
   'email': 'lisahansen@centregy.com',
   'phone': '+1 (884) 580-2826',
   'address': '914 Will Place, Avalon, Delaware, 4582',
   'friends': [{'id': 0, 'name': 'Holloway Stout'},
    {'id': 1, 'name': 'Suzette Gross'},
    {'id': 2, 'name': 'Madge Sexton'}]},
  {'index': 1,
   'age': 29,
   'name': 'Wise Greene',
   'gender': 'male',
   'user': False,
   'email': 'wisegreene@avit.com',
   'phone': '+1 (821) 552-3810',
   'address': '295 Story Court, Clay, Virgin Islands, 4262',
   'friends': None}]}
```

読み込んだ data は辞書であり, "customers"がキー, 顧客のリストが値になっている.
リストを反復して名前を表示し, 電話番号 phone を辞書から削除する.

```
for i in data["customers"]:
    print(i["name"])
    del i["phone"]
data
```

```
Lisa Hansen
Wise Greene
```

```
{'customers': [{'index': 0,
  'age': 25,
  'name': 'Lisa Hansen',
  'gender': 'female',
  'user': True,
  'email': 'lisahansen@centregy.com',
  'address': '914 Will Place, Avalon, Delaware, 4582',
  'friends': [{'id': 0, 'name': 'Holloway Stout'},
   {'id': 1, 'name': 'Suzette Gross'},
   {'id': 2, 'name': 'Madge Sexton'}]},
 {'index': 1,
  'age': 29,
  'name': 'Wise Greene',
  'gender': 'male',
  'user': False,
  'email': 'wisegreene@avit.com',
  'address': '295 Story Court, Clay, Virgin Islands, 4262',
  'friends': None}]}
```

json.dumps 関数で，Python の辞書を JSON 形式のテキストに変換できる．上で電話番号を除いた辞書を JSON に変えてみる．

引数の indent を設定すると読みやすくなる．

```
json_text = json.dumps(data, indent=2)
print(json_text)
```

```
{
  "customers": [
    {
      "index": 0,
      "age": 25,
      "name": "Lisa Hansen",
      "gender": "female",
      "user": true,
      "email": "lisahansen@centregy.com",
      "address": "914 Will Place, Avalon, Delaware, 4582",
      "friends": [
        {
          "id": 0,
          "name": "Holloway Stout"
        },
        {
          "id": 1,
          "name": "Suzette Gross"
        },
        {
          "id": 2,
          "name": "Madge Sexton"
```

```
        }
      ]
    },
    {
      "index": 1,
      "age": 29,
      "name": "Wise Greene",
      "gender": "male",
      "user": false,
      "email": "wisegreene@avit.com",
      "address": "295 Story Court, Clay, Virgin Islands, 4262",
      "friends": null
    }
  ]
}
```

上で作った JSON 形式のテキストを，ファイルに保存する.

```
with open("customer.json", "w") as f:
    f.write(json_text)
```

テキストファイルを読み込み Python の辞書に変換するには，**json.load** 関数（s がない
ことに注意）を用いる.

```
with open("customer.json") as f:
    new_data = json.load(f)
new_data
```

```
{'customers': [{'index': 0,
   'age': 25,
   'name': 'Lisa Hansen',
   'gender': 'female',
   'user': True,
   'email': 'lisahansen@centregy.com',
   'address': '914 Will Place, Avalon, Delaware, 4582',
   'friends': [{'id': 0, 'name': 'Holloway Stout'},
    {'id': 1, 'name': 'Suzette Gross'},
    {'id': 2, 'name': 'Madge Sexton'}]},
  {'index': 1,
   'age': 29,
   'name': 'Wise Greene',
   'gender': 'male',
   'user': False,
   'email': 'wisegreene@avit.com',
   'address': '295 Story Court, Clay, Virgin Islands, 4262',
   'friends': None}]}
```

住所 address を削除してから，JSON テキスト形式で保管する. それには，**json.dump**
関数（s がないことに注意）を使えば良い.

```
for i in new_data["customers"]:
    del i["address"]
with open("new_customer.json", "w") as f:
    json.dump(new_data, f, indent=2)
```

Pandas のデータフレームは，**to_json()** メソッドで JSON に変換できる．

```
import pandas as pd

D = {"name": ["Pikacyu", "Mickey", "Kitty"], "color": ["Yellow", "Black", "White"]}
df = pd.DataFrame(D)
df
```

```
      name   color
0  Pikacyu  Yellow
1   Mickey   Black
2    Kitty   White
```

```
txt = df.to_json()
print(txt)
```

```
{"name":{"0":"Pikacyu","1":"Mickey","2":"Kitty"},"color":{"0":"Yellow","1":"Black",↵
"2":"White"}}
```

逆に，JSON のテキストをデータフレームに変換するには，**read_json** 関数を用いる．

```
pd.read_json(txt)
```

```
      name   color
0  Pikacyu  Yellow
1   Mickey   Black
2    Kitty   White
```

問題 79

以下のサイトで適当な JSON ファイルを生成し，読み込んで加工してみよ．

https://www.json-generator.com/

関連動画

7.10 Requests パッケージ

Requests は HTTP リクエストを簡単にするためのパッケージである．標準パッケージではないので，インストールしておく必要がある．

例として OSRM という API サービスを呼び出してみる．

http://project-osrm.org/docs/v5.5.1/api/#requests

```
import requests

response = requests.get(
    "http://router.project-osrm.org/route/v1/driving/139.792429,35.667864;139.76↵
    8525,35.681010"
)
ret = response.json()  # レスポンスをJSON化すると，大学から東京駅までの移動距離が
    3708メートル，340秒（車で）かかることが分かる．
```

```
print(response, type(response))
ret
```

<Response [200]> <class 'requests.models.Response'>

```
{'code': 'Ok',
 'waypoints': [{'hint': 'Aw_pgxgP6YO2AAAAFAAAAAAAAADRAAAAJbyYQjyT_UAAAAA8ratQrY,↵
                       AAAAUAAAAAAAAANEAAACbVAAAyQ9VCEs_IAItEFUImD8gAgAAjwjUAc,↵
                       IN',
    'distance': 12.447899,
    'location': [139.792329, 35.667787],
    'name': ''},
  {'hint': 'Ogb2g___38AAAAAFwAAACUAAAAGAAAAAAAAAIUgGUHOOXJBTx0mQAAAAAXAAAAJQAA,↵
          AAYAAACbVAAAF7RUCIByIALNslQI8nIgAgIAzwHUAcIN',
    'distance': 32.443406,
    'location': [139.768855, 35.680896],
    'name': 'タクシー・一般車降車場(一般車用)'}],
 'routes': [{'legs': [{'steps': [],
      'weight': 340.2,
      'distance': 3708.7,
      'summary': '',
      'duration': 340.2}],
    'weight_name': 'routability',
    'geometry': 'ujuxEaeftY{DxEe@k@}@lAiNeRkC_CgGhQaM`RsC`R{Rxa@wIdZlSlKyKt]cAk@e,↵
               @x@',
    'weight': 340.2,
    'distance': 3708.7,
    'duration': 340.2}]}
```

url にパラメータを埋め込むのではなく，引数 **params** で辞書を渡すことができる．

　例として，以下のサイト（A simple HTTP Request & Response Service）でテストを
してみる．

https://httpbin.org/

```
d = {"page": 1, "count": 1}
response = requests.get("http://httpbin.org/get", params=d)
ret = response.json()
```

```
print(response.url)
print(ret["args"])
```

```
http://httpbin.org/get?page=1&count=1
{'count': '1', 'page': '1'}
```

　情報を得るための get メソッドだけでなく，post メソッドもできる.

　ユーザー名とパスワードを post することによって，login ができるようになる.

```
d = {"username": "mikio", "password": "test"}
response = requests.post("http://httpbin.org/post", data=d)
response.json()["form"]
```

```
{'password': 'test', 'username': 'mikio'}
```

　get メソッドで login してみる.

　レスポンスのコード（200）は OK を意味する.

```
response = requests.get(
    "http://httpbin.org/basic-auth/mikio/test", auth=("mikio", "test")
)
print(response)
```

```
<Response [200]>
```

問題 80

　Google Map などで自宅の緯度・経度を（右クリックで）調べて，大学までの距離を OSRM で求めよ．また，Google Map の距離と時間と比較せよ.

7.11 OpenPyXL による Excel 連携

　日本の企業の多くは業務を Excel で行っている．そのため，Excel と連携したシステムを作ることは，非常に重要である．Python で Excel と連携するためのパッケージとして OpenPyXL（https://openpyxl.readthedocs.io/en/stable/index.html）がある．以下に，基本的な使用法を示す.

■ 7.11.1　保存・シート追加・シート削除

```
import openpyxl
from openpyxl import Workbook
```

```
wb = Workbook()  # Bookインスタンス生成
ws = wb.active  # シートは1つ生成された状態になっている.
wb.create_sheet(title="Sample Sheet")  # 新しいシートの生成
wb.save("sample0.xlsx")  # 保存; 2つのシート（Sheet1, Sample Sheet）がある
wb.remove(ws)  # 最初のwsの削除
print(wb.sheetnames)  # シート名の確認
```

```
['Sample Sheet']
```

■ 7.11.2　読み込み

```
wb = openpyxl.load_workbook("sample0.xlsx")
print(wb.sheetnames)  # シート名の確認
```

```
['Sheet', 'Sample Sheet']
```

■ 7.11.3　セル参照と値の代入

```
ws1 = wb["Sample Sheet"]  # もしくは wb.worksheets[1]
c1 = ws1["A1"]  # セルインスタンス; ws1.cell(1,1) でも同じ（番号は1から）
c1.value = "Hello"
wb.save("sample1.xlsx")  # 保存（セルの確認）
```

■ 7.11.4　シートに列の追加

```
data = [[1, 2, 3], [4, 5, 6], [7, 8, 9]]
for i in range(3):
    ws1.append(data[i])  # ワークシートに追加
wb.save("sample2.xlsx")  # 保存（セルの確認）2行目以降に行列が保管されていることの
    確認
```

■ 7.11.5　セルのアドレス

```
# セルのアドレスと値の確認
print(c1.coordinate)
print(c1.row, c1.column, c1.column_letter, c1.value)
```

```
A1
1 1 A Hello
```

■ 7.11.6 データの参照（rows, iter_rows による反復）

```
# 反復
for row in ws1.rows:
    for i in row:
        print(i.value, end=" ")
    print()
print("2行目の2列目から")
for row in ws1.iter_rows(min_row=2, min_col=2):
    for i in row:
        print(i.value, end=" ")
    print()
```

```
Hello None None
1 2 3
4 5 6
7 8 9
2行目の2列目から
2 3
5 6
8 9
```

■ 7.11.7 データを一度に変換し，Pandas のデータフレームを生成

ワークシートオブジェクト.values で，データのジェネレータオブジェクトを得ることができる．これをリストに変換すると，行ごとのデータ（タプル）のリストになる．

ヘッダの行がある場合には，それを読んでから，DataFrame クラスの columns 引数に与えれば良い．以下の例では，自分で列名を指定して，データフレームを生成している．

```
import pandas as pd
df = pd.DataFrame(list(ws1.values), columns=["1列目", "2列目", "3列目"])
df
```

	1 列目	2 列目	3 列目
0	Hello	NaN	NaN
1	1	2.0	3.0
2	4	5.0	6.0
3	7	8.0	9.0

■ 7.11.8 セルのフォントとボーダーの設定

```
from openpyxl.styles import Font
from openpyxl.styles.borders import Border, Side

ws1["A1"].font = Font(bold=True, color="FF0000")
side = Side(style="thin", color="FF0000")
ws1["A1"].border = Border(left=side, right=side, top=side, bottom=side)
```

■ **7.11.9　関数の代入**

```
# 5列目に行の和の関数を代入
for row in range(2, 5):
    cell = ws1.cell(row, 5)
    cell.value = f"=SUM(A{row}:C{row})"
wb.save("sample3.xlsx")  # 保存（和が計算されていることの確認）
```

```
# Excel で開いて上書き保存した後に読み込み （ data_only とすることによって， 計算し
  た値を得る．）
wb = openpyxl.load_workbook("sample3.xlsx", data_only=True)
```

```
ws = wb["Sample Sheet"]
for row in ws.iter_rows(min_row=2):
    for i in row:
        print(i.value, end=" ")
    print()
```

```
1 2 3 None None
4 5 6 None None
7 8 9 None None
```

■ **7.11.10　チャート**

```
# 図（棒グラフ）
from openpyxl.chart import BarChart, Reference

chart1 = BarChart()
chart1.style = 10
chart1.title = "Bar Chart"

data = Reference(ws, min_col=5, min_row=2, max_col=5, max_row=4)
chart1.add_data(data)
ws.add_chart(chart1, "A10")
wb.save("sample4.xlsx")
```

■ **7.11.11　テーブル**

```
from openpyxl.worksheet.table import Table, TableStyleInfo

wb = Workbook()
ws = wb.active

data = [
    ["Apples", 10000, 5000, 8000, 6000],
    ["Pears", 2000, 3000, 4000, 5000],
```

```
    ["Bananas", 6000, 6000, 6500, 6000],
    ["Oranges", 500, 300, 200, 700],
]

ws.append(["Fruit", "2011", "2012", "2013", "2014"])
for row in data:
    ws.append(row)

tab = Table(displayName="Table1", ref="A1:E5")

style = TableStyleInfo(
    name="TableStyleMedium9",
    showFirstColumn=False,
    showLastColumn=False,
    showRowStripes=True,
    showColumnStripes=True,
)
tab.tableStyleInfo = style

ws.add_table(tab)
wb.save("table.xlsx")
```

■7.11.12　データバリデーション

```
from openpyxl.worksheet.datavalidation import DataValidation

wb = Workbook()
ws = wb.active

# リストから選択
dv1 = DataValidation(type="list", formula1='"Dog,Cat,Bat"', allow_blank=True)
ws.add_data_validation(dv1)
c1 = ws["A1"]
dv1.add(c1)

# 100より大きい数
dv2 = DataValidation(type="whole", operator="greaterThan", formula1=100)
ws.add_data_validation(dv2)
dv2.add("B1:B1048576")  # B列のすべて

# 0から1の小数
dv3 = DataValidation(type="decimal", operator="between", formula1=0, formula2=1)
ws.add_data_validation(dv3)
dv3.add("C1:C1048576")

# 日付
dv4 = DataValidation(type="date")  # 時間はtime
dv4.prompt = "日付を入力してください"
```

```
dv4.promptTitle = "日付選択"
ws.add_data_validation(dv4)
dv4.add("D1:D1048576")

wb.save("datavalid.xlsx")
```

■ 7.11.13　カラースケールによる条件付きフォーマッティング

```
from openpyxl.formatting.rule import ColorScaleRule

wb = Workbook()
ws = wb.active
# 色はRRGGBB 000000=黒, FFFFFF=白  http://html.seo-search.com/reference/color.html
    参照
ws.conditional_formatting.add(
    "A1:A10",
    ColorScaleRule(
        start_type="min", start_color="000000", end_type="max", end_color="FFFFFF"
    ),
)
wb.save("colorscale.xlsx")
```

問題 81 実務的な Excel ファイルの読み込み

以下のサイトから「全国: 年齢（各歳），男女別人口 ・ 都道府県: 年齢（5 歳階級），男女別人口」（2022 年 4 月 15 日公表）データを読み込み，pandas のデータフレームに直せ.

```
https://www.stat.go.jp/data/jinsui/2021np/zuhyou/05k2021-3.xlsx
```

7.12　Streamlit による Web アプリ作成

Streamlit は，Web アプリ作成のための最も簡単な方法であり，無料で公開も可能である.
インストール方法（自分の環境にあったものを 1 つ選ぶ）は，以下の通り.

```
pip install streamlit
poetry add streamlit
conda install -c conda-forge streamlit
```

サーバー高速化のためには，以下もインストールする必要がある．

```
pip install watchdog
poetry add watchdog
conda install -c conda-forge watchdog
```

ローカル環境で「プログラム名.py」ファイルを作成し

```
streamlit run プログラム名.py
```

とすると，ブラウザのローカルホスト http://localhost:8501/ に結果が表示される．

以下のサイトに登録すると無料で Web アプリをデプロイできる．

```
https://streamlit.io/sharing
```

■ 7.12.1　簡単な例

以下を入れた main.py ファイルを作成し，ターミナル（コマンドプロンプト）で，

```
streamlit run main.py
```

とする．

```python
import streamlit as st
import pandas as pd
import plotly.express as px
```

```python
st.title("タイトル")
st.write("何でも書ける")
st.markdown("## マークダウンで書く $x^2$")
```

タイトル

何でも書ける

マークダウンで書く x^2

■ 7.12.2　データフレームや図も書ける

```python
df = px.data.iris()
st.write(df.head())
```

```
st.table(df.head())
st.write(px.scatter(df, x="sepal_length", y="sepal_width", color="species"))
```

0	5.1000	3.5000	1.4000	0.2000	setosa	1
1	4.9000	3.0000	1.4000	0.2000	setosa	1
2	4.7000	3.2000	1.3000	0.2000	setosa	1
3	4.6000	3.1000	1.5000	0.2000	setosa	1
4	5.0000	3.6000	1.4000	0.2000	setosa	1

	sepal_length	sepal_width	petal_length	petal_width	species	species_id
0	5.1000	3.5000	1.4000	0.2000	setosa	1
1	4.9000	3.0000	1.4000	0.2000	setosa	1
2	4.7000	3.2000	1.3000	0.2000	setosa	1
3	4.6000	3.1000	1.5000	0.2000	setosa	1
4	5.0000	3.6000	1.4000	0.2000	setosa	1

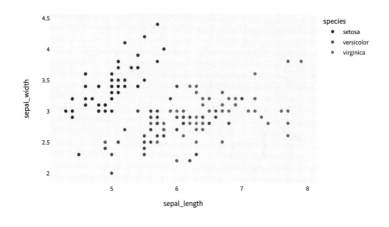

■ 7.12.3 ボタンやチェックボックス

```
if st.button("Say hello"):
    st.write("こんにちわ")
else:
    st.write("Goodbye")

agree = st.checkbox("チェックしてください")
if agree:
    st.write("Great!")
```

Say hello

こんにちわ

☑ チェックしてください

Great!

■ 7.12.4 対話をするためのウィジット

```
fruit = st.radio(label="好きなフルーツは？",
                 options=["バナナ", "りんご", "いちご"], index=1)
st.write(fruit)

option = st.selectbox("今日はなにする?", ("なわとび", "野球", "ゲーム"))

def f(i):
    play = ("なわとび", "野球", "ゲーム")
    return play[i]

option = st.selectbox("今日はなにする(2)?", (0, 1, 2), format_func=f)
st.write("よし ", option, " をしよう！")

options = st.multiselect(
    "何色が好き？", options=["Green", "Yellow", "Red", "Blue"],
    default=["Yellow", "Red"]
)
st.write("You selected:", options)
```

```
age = st.slider("何歳?", min_value=0, max_value=130, value=25)
st.write(age)
```

好きなフルーツは？

○ バナナ
● りんご
○ いちご

りんご

今日はなにする?

なわとび　　　　　　　　　　　　　　　　　　　　　　　　　　　　　　　　▾

今日はなにする (2) ?

なわとび　　　　　　　　　　　　　　　　　　　　　　　　　　　　　　　　▾

よし ◦ をしよう！

何色が好き？

Yellow ✕　Red ✕　　　　　　　　　　　　　　　　　　　　　　　　　　　❋ ▾

You selected:

▾ [
　　0 : "Yellow"
　　1 : "Red"
]

何歳?
　　　　　　　　　　25
●──
0　　　　　　　　　　　　　　　　　　　　　　　　　　　　　　　　　　　130

25

```
from datetime import datetime, date, time

interval = st.slider(
    "計画期間は?",
    value=(datetime(2019, 1, 1, 9, 30), datetime(2020, 1, 1, 9, 30)),
    format="MM/DD/YY - hh:mm",
)

color = st.select_slider(
    "色を選んでね",
    options=["red", "orange", "yellow", "green", "blue", "indigo", "violet"]
)

title = st.text_input("お名前は？", value="ななしのごんべえ")

number = st.number_input("数字を入れてね",
                         min_value=1.0, max_value=10.0, value=5.0, step=0.1)

d = st.date_input("誕生日は？", date(2019, 7, 6))
```

```
alarm = st.time_input("アラームセット", time(8, 45))

uploaded_file = st.file_uploader("ファイル選択")

# サイドバーに表示
add_selectbox = st.sidebar.selectbox("連絡方法は?",
                                     ("Email", "Home phone", "Mobile phone"))
```

■ 7.12.5　レイアウト（2段組み）

```
col1, col2 = st.beta_columns([1, 2])
with col1:
    st.header("A cat")
    st.image("https://static.streamlit.io/examples/cat.jpg", use_column_width=True)
with col2:
    st.header("A dog")
    st.image("https://static.streamlit.io/examples/dog.jpg", use_column_width=True)
```

A cat   **A dog**

■ 7.12.6　キャッシュによる高速化

Streamlit はコードを上から順に実行するだけなので，簡単に書ける．

高速化のために関数デコレータを用いたキャッシュを使う．

キャッシュは引数に対する返値を辞書に覚えておいて，2 回目以降によばれたときには，それを返すだけである．

```
import time

@st.cache
def f(input):
    time.sleep(3)
    return input*10

st.write(f(10))   #3秒かかる
st.write(f(100))  #これも3秒かかる
st.write(f(10))   #キャッシュされているので一瞬で終わる
```

7.12.7 allow_output_mutation

同じ引数に対して返値が異なるような関数は，エラーとなる．同じ引数に対しては，キャッシュを返すようにするには，引数 allow_output_mutation を True にする．

引数のハッシュ値を hash_func 引数で指定することができる．

```python
import random
@st.cache(allow_output_mutation=True) # 返値が変わる場合は，この引数をTrueにする
def g(input):
    time.sleep(3)
    return input*random.random()

st.write(g(10))   #3秒かかる
st.write(g(100))  #これも3秒かかる
st.write(g(10))   #キャッシュされているので一瞬で終わる（ただし最初と同じ乱数を返す）

#データフレームのハッシュ値をidとする.
@st.cache(hash_funcs={pd.DataFrame: id})
def h(data):
    time.sleep(3)
    return data.values
df = px.data.iris()
```

7.12.8 セッション状態を用いた変数の保管

session_state 名前空間に変数を記憶できる．

ウィジットの key で与えた名前（必ずユニークにする；上の例では省略したができれば全部つける）は，session_state に保管されていて，ウィジットの返値が保管されている．

```python
#初期化
if 'count' not in st.session_state:
    st.session_state.count = 0

increment = st.button('Increment')
if increment:
    st.session_state.count += 1

st.write('Count = ', st.session_state.count)
```

```python
if "celsius" not in st.session_state:
    st.session_state.celsius = 50.0

st.slider(
    "Temperature in Celsius",
    min_value=-100.0,
    max_value=100.0,
```

```
    key="celsius"
)

st.write(st.session_state.celsius)
```

■ 7.12.9　Form 入力

```
with st.form(key="basic_form"):
    n_job = st.number_input("最大ジョブ数",
                            min_value=1, max_value=10000, value=100)
    n_shipment = st.number_input("最大輸送数",
                                 min_value=1, max_value=10000, value=100)
    submit = st.form_submit_button(label="データ更新")

if submit:
    st.write(n_job, n_shipment)
```

問題 82 アプリの作成

streamlit を使って何か役に立つ Web アプリを作成せよ.

8 statsmodels を用いた統計分析

- 統計パッケージ statsmodels の使用法を解説する.

ここでは，統計パッケージ statsmodels の以下の項目について説明する.

- 線形回帰
- 一般化線形モデル
- 指数平滑法
- SARIMAX

```python
import pandas as pd
import statsmodels.formula.api as smf   # stats model formula
import statsmodels.api as sm            # stats model
```

8.1 線形回帰

http://logopt.com/data/Diamond.csv からダイアモンドの価格データを読み込み，線形回帰を適用する.

列は ["carat","colour","clarity","certification","price"] であり，他の情報から価格（price）の予測を行う.

1) データを pandas のデータフレームとして読み込む.

2) statsmodels.formula.api を **smf** （stats model formula）の別名でインポートする.

3) smf の一般化線形モデル **glm** を用いてモデルインスタンスを生成する. このとき，列名を用いた **式（formula）** を文字列で記述し引数 **formula** で，データは引数 **data** でデータフレームとして入力する.

4) モデルインスタンスの **fit メソッド** で最適パラメータの探索（機械学習で言うところの訓練）を行う.

5) モデルインスタンスの **summary** もしくは **summary2** メソッドで結果を見る.

6) モデルインスタンスの **predict** メソッドで予測を行う.

モデル式の **formula** の書き方:

formula の文字列	一般化線形モデルの式（誤差項は省略）
y ~ x	$y = b + ax$
y ~ x -1	$y = ax$
y ~ x1 + x2	$y = b + a_1 x_1 + a_2 x_2$
y ~ x1:x2	$y = b + a_1 x_1 x_2$
y ~ x1*x2	$y = b + a_1 x_1 + a_2 x_2 + a_3 x_1 x_2$
y ~ pow(x,2)	$y = b + a_1 x^2$

```
import pandas as pd
import statsmodels.formula.api as smf  # stats model formula
%matplotlib inline

diamond = pd.read_csv("http://logopt.com/data/Diamond.csv", index_col=0)
diamond.head()
```

	carat	colour	clarity	certification	price
1	0.30	D	VS2	GIA	1302
2	0.30	E	VS1	GIA	1510
3	0.30	G	VVS1	GIA	1510
4	0.30	G	VS1	GIA	1260
5	0.31	D	VS1	GIA	1641

```
model = smf.glm("price ~ carat + colour + clarity", diamond)
fit = model.fit()
print(fit.summary2())
```

```
                    Results: Generalized linear model
=================================================================
Model:                GLM              AIC:             4928.6013
Link Function:        identity         BIC:             149489259.2345
Dependent Variable:   price            Log-Likelihood:  -2453.3
Date:                 2022-12-31 08:31 LL-Null:         -5836.8
No. Observations:     308              Deviance:        1.4949e+08
Df Model:             10               Pearson chi2:    1.49e+08
Df Residuals:         297              Scale:           5.0334e+05
Method:               IRLS
-----------------------------------------------------------------
                Coef.     Std.Err.    z     P>|z|    [0.025     0.975]
-----------------------------------------------------------------
Intercept      316.8348  216.5957   1.4628 0.1435  -107.6849    741.3546
colour[T.E]  -1447.4678  207.2673  -6.9836 0.0000 -1853.7043  -1041.2314
colour[T.F]  -1843.8689  194.6387  -9.4733 0.0000 -2225.3537  -1462.3841
colour[T.G]  -2178.7960  199.6232 -10.9145 0.0000 -2570.0503  -1787.5418
colour[T.H]  -2763.1576  201.3079 -13.7260 0.0000 -3157.7139  -2368.6014
colour[T.I]  -3315.8908  212.4141 -15.6105 0.0000 -3732.2148  -2899.5667
```

```
clarity[T.VS1]   -1548.8104  143.7628  -10.7734  0.0000  -1830.5804  -1267.0404
clarity[T.VS2]   -1860.7202  158.8784  -11.7116  0.0000  -2172.1162  -1549.3243
clarity[T.VVS1]   -733.9089  153.8383   -4.7707  0.0000  -1035.4264   -432.3913
clarity[T.VVS2]  -1235.3823  143.1063   -8.6326  0.0000  -1515.8654   -954.8991
carat           12683.7515  164.2469   77.2237  0.0000  12361.8334  13005.6696
==============================================================================
```

■ 8.1.1 サマリーの見方

- No. Observations：観測数（=308）
- Df Model：自由度（Degree of Freedom）変数の数なので 12
- AIC：赤池情報量基準（Akaike Information Criterion）（`https://ja.wikipedia.org/wiki/赤池情報量規準`）（= 4931.3248 = $-2 \times$ 対数尤度 $+ 2 \times$（自由度 $+ 1$）= $-2 \times (-2452.7) + 2 \times (12 + 1)$）　（小さいほどモデルの適合度が良い）
- Log-Likelihood: 尤度の対数（最大尤度のものを求めている）最尤推定（`https://ja.wikipedia.org/wiki/最尤推定`）
- Coef.：係数（一番上の Intercept は y-切片）
- Std. Err.：標準誤差
- z：z 値．絶対値が大きいほど係数が信頼できる
- P：p-値（偶然 $|z|$ を超える確率）．小さいほど係数が信頼できる（以下の表参照）
- [0.025, 0.975]：係数の信頼区間

z （標準偏差）	p-値 （確率）	信頼度
< -1.65 または > +1.65	< 0.10	90%
< -1.96 または > +1.96	< 0.05	95%
< -2.58 または > +2.58	< 0.01	99%

```
diamond["predict"] = fit.predict()  # 予測を行い，結果を'predict'列に追加
diamond.plot.scatter(x="predict", y="price");
# 描画
```

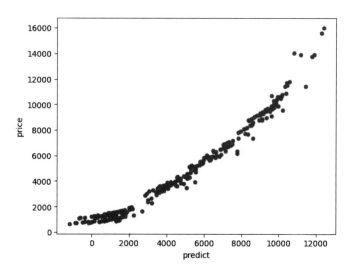

問題 83 車の価格の予測

http://logopt.com/data/carprice.csv から車の価格データを読み込み，線形回帰による予測を行え．

車種（Type），100 マイル走る際のガロン数（gpm100），都市部での 1 ガロンあたりの走行距離（MPGcity），高速道路での 1 ガロンあたりの走行距離（MPGhighway）から，価格（Price）を予測せよ．

問題 84 広告の効果の予測

広告のデータ http://logopt.com/data/Advertising.csv を読み込み，線形回帰による予測を行え．

テレビ（TV），ラジオ（Radio），新聞（Newspaper）への広告から売上（Sales）を予測せよ．

問題 85 住宅価格の予測

http://logopt.com/data/Boston.csv の Boston の住宅データを用いて回帰分析を行え．

データの詳細については，https://archive.ics.uci.edu/ml/datasets/Housing を参照せよ．

medv が住宅の価格で，他のデータ（犯罪率や人口など）から予測する．

必要なら以下の文字列を切り貼りして用いよ.

"medv ~ crim+zn+indus+chas+nox+rm+age+dis+rad+tax+ptratio+black+lstat"

問題86 GPA の予測

http://logopt.com/data/SATGPA.csv データを用いて, 2 種類の SAT の成績から GPA を予測せよ.

8.2 一般化線形モデル

基本となる線形回帰だと, 独立変数 $x^{(i)}$ を用いて従属変数 $y^{(i)}$ を推定する. 上付き添え字の (i) はトレーニングデータのインデックスを表す. 評価関数は最小自乗誤差であり, それを最小にするような重みベクトル w を求める.

通常の線形回帰（最小自乗モデル）は, 一般化線形モデル的に見直すと以下のように解釈できる.

1) 従属変数 $y^{(i)}$ は平均 $\mu^{(i)}$, 標準偏差 σ の正規分布 $N(\mu^{(i)}, \sigma^2)$ にしたがう.
2) 線形予測子 $z^{(i)}$ を独立変数 $x^{(i)}$ を用いて $z^{(i)} = wx^{(i)}$ と定義する. ここで w は最適化するパラメータ（重み）である.
3) リンク関数 g を用いて $\mu^{(i)}$ と $z^{(i)}$ を繋ぐが, 線形モデルでは $g(\mu) = \mu$ である.

■8.2.1 ロジスティック回帰

titanic データを用いる.

従属変数（予測するもの）は **survived** の列で, 生き残ったか（= 1）, 否か（= 0）を表す.

このように 0 か 1 かを予測するのに線形回帰は不適当なので, ロジスティック回帰を用いる.

一般化線形モデル（glm）を使えば, ほぼ同じように予測できる（性別 sex と客室クラス pclass だけを用いる）.

statsmodels.api を sm（stats model）の別名でインポートした後で, 引数の **family** に **sm.families.Binomial()** を指定すれば良い.

一般化線形モデルでの仮定は以下のようになる.

1) 従属変数 y^i は平均 $\mu^{(i)}$（表が出る確率）のコイン投げの分布（2 項分布: binomial distribution）にしたがう.
2) 線形予測子 $z^{(i)}$ を独立変数 $x^{(i)}$ を用いて $z^{(i)} = wx^{(i)}$ と定義する（この部分は全

部共通).

3) リンク関数 g を用いて $\mu^{(i)}$ と $z^{(i)}$ を繋ぐが, μ は確率なので $[0, 1]$ の範囲しかとらない, 一方, z は線形予測子なので $[-\infty, +\infty]$ の定義域をもつ. これを繋ぐために以下のリンク関数 g を用いる.

$$z = g(\mu) = \log\left(\frac{\mu}{1 - \mu}\right)$$

これをロジット関数とよぶ. 歴史的な都合で g は μ から z への写像となっているが, 逆写像として考えた方がわかりやすい. すなわち, 線形予測子 z から分布の平均 μ を逆写像 g^{-1} で写すのである. この関数は

$$\mu = \frac{\exp(z)}{1 + \exp(z)}$$

となり, いわゆるロジスティック関数である.

titanic 号のデータセットに対して, ロジスティック回帰を適用してみる.

```python
import statsmodels.api as sm

titanic = pd.read_csv("http://logopt.com/data/titanic.csv", index_col=0)
model = smf.glm(
    formula="Survived ~ Sex + Pclass + Fare + SibSp + Parch",
    data=titanic,
    family=sm.families.Binomial(),
)
res = model.fit()
print(res.summary2())
```

```
                 Results: Generalized linear model
==================================================================
Model:              GLM              AIC:            828.7501
Link Function:      Logit            BIC:            -5194.4747
Dependent Variable: Survived         Log-Likelihood: -408.38
Date:               2022-12-31 08:45 LL-Null:        -593.33
No. Observations:   891              Deviance:       816.75
Df Model:           5                Pearson chi2:   910.
Df Residuals:       885              Scale:          1.0000
Method:             IRLS
------------------------------------------------------------------
              Coef.   Std.Err.    z     P>|z|   [0.025   0.975]
------------------------------------------------------------------
Intercept     3.1473   0.3752   8.3895 0.0000  2.4121   3.8826
Sex[T.male]  -2.7594   0.1959 -14.0837 0.0000 -3.1434  -2.3754
Pclass       -0.8360   0.1268  -6.5905 0.0000 -1.0846  -0.5874
Fare          0.0034   0.0024   1.4508 0.1468 -0.0012   0.0080
SibSp        -0.2564   0.1008  -2.5435 0.0110 -0.4539  -0.0588
Parch        -0.0888   0.1132  -0.7842 0.4329 -0.3106   0.1331
==================================================================
```

```
titanic["predict"] = res.predict()  # 予測をpredict列に保管
titanic.plot.scatter(x="predict", y="Survived");
# 散布図に描画
```

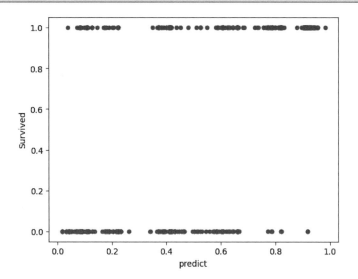

問題 87 癌の判定

　http://logopt.com/data/cancer.csv にある胸部癌か否かを判定するデータセットを用いて分類を行え.

　最初の列 diagnosis が癌か否かを表すものであり, M が悪性 (malignant), B が良性 (benign) である.

　必要なら以下の文字列を切り貼りして用いよ.

formula = """diagnosis~radius_mean+texture_mean+texture_mean+perimeter_mean+
area_mean+smoothness_mean+compactness_mean+concavity_mean+symmetry_mean+
radius_worst+texture_worst+perimeter_worst+area_worst+smoothness_worst+
compactness_worst+concavity_worst+symmetry_worst+fractal_dimension_worst"""

```
cancer = pd.read_csv("http://logopt.com/data/cancer.csv", index_col=0)
cancer.head()
```

```
          diagnosis radius_mean texture_mean perimeter_mean area_mean smoothness_mean compactness_mean
  id
 842302        M        17.99        10.38         122.80      1001.0        0.11840          0.27760
 842517        M        20.57        17.77         132.90      1326.0        0.08474          0.07864
84300903       M        19.69        21.25         130.00      1203.0        0.10960          0.15990
84348301       M        11.42        20.38          77.58       386.1        0.14250          0.28390
84358402       M        20.29        14.34         135.10      1297.0        0.10030          0.13280 ↵

concavity_mean concave points_mean symmetry_mean ... radius_worst texture_worst perimeter_worst

      0.3001            0.14710        0.2419 ...       25.38         17.33          184.60
      0.0869            0.07017        0.1812 ...       24.99         23.41          158.80
      0.1974            0.12790        0.2069 ...       23.57         25.53          152.50
      0.2414            0.10520        0.2597 ...       14.91         26.50           98.87
      0.1980            0.10430        0.1809 ...       22.54         16.67          152.20 ↵

area_worst smoothness_worst compactness_worst concavity_worst concave points_worst symmetry_worst

   2019.0        0.1622           0.6656           0.7119            0.2654           0.4601
   1956.0        0.1238           0.1866           0.2416            0.1860           0.2750
   1709.0        0.1444           0.4245           0.4504            0.2430           0.3613
    567.7        0.2098           0.8663           0.6869            0.2575           0.6638
   1575.0        0.1374           0.2050           0.4000            0.1625           0.2364 ↵

symmetry_worst fractal_dimension_worst

    0.4601              0.11890
    0.2750              0.08902
    0.3613              0.08758
    0.6638              0.17300
    0.2364              0.07678
```

問題 88 病院の予測

http://logopt.com/data/hospital.csv にある病院のデータを用いてロジスティック回帰を行え.

従属変数 died は死亡したか否かを表し, これを年齢 (age), 施術 (procedure), 性別 (gender), 救急か否か (type), 入院日数 (los: length of stay) から予測する.

必要なら以下の文字列を使用しても良い.

formula="died~procedure+age+gender+los+type"

```
hospital = pd.read_csv("http://logopt.com/data/hospital.csv", index_col=0)
hospital.head()
```

	died	procedure	age	gender	los	type
1	0	1	73	0	51	0
2	0	0	67	0	30	1
3	0	1	69	0	43	0
4	0	1	65	0	32	0
5	0	1	79	0	42	1

■ **8.2.2 Poisson 回帰**

Poisson 回帰は救急車の出動回数などの負の値をとらない**カウントデータ**もしくはその発生率を予測する際に用いられる.

この場合には, 従属変数が 0 以上の値になるので, 一般化線形モデルでの仮定は以

下のようになる.

1) 従属変数 y^i は平均 $\mu^{(i)}$ の Poisson 分布にしたがう.

2) 線形予測子 $z^{(i)}$ を独立変数 $x^{(i)}$ を用いて $z^{(i)} = wx^{(i)}$ と定義する(この部分は全部共通).

3) リンク関数 g を用いて $\mu^{(i)}$ と $z^{(i)}$ を繋ぐが,μ は 0 以上で z は $[-\infty, +\infty]$ の定義域をもつ.これを繋ぐために以下のリンク関数 g を用いる.

$$z = g(\mu) = \log(\mu)$$

g の逆写像は指数関数

$$\mu = \exp(z)$$

である.

一般化線形モデル(glm)を使えば,ほぼ同じように予測できる.

引数の **family** に **sm.families.Poisson()** を指定すれば良い.

http://logopt.com/data/hospital-stay.csv にある病院の入院日数のデータセットを用いる.従属変数である los(入院日数: length of stay)を,性別(gender),救急か否か(type1),75 歳以上か(age75)から予測する.

入院日数は負の値をとらない,いわゆるカウントデータであるので,Poisson 回帰を適用する.

```
hospital = pd.read_csv("http://logopt.com/data/hospital-stay.csv", index_col=0)
hospital.head()
```

```
   los gender type1 age75
1  53      0     1     0
2  30      0     1     0
3  28      0     1     1
4  22      0     1     0
5  25      0     1     0
```

```
model = smf.glm(
    formula="los ~ gender + type1 + age75", data=hospital, family=sm.families.↵
    Poisson()
)
res = model.fit()
print(res.summary2())
```

```
                 Results: Generalized linear model
===============================================================
Model:              GLM        AIC:              9178.5450
Link Function:      Log        BIC:              -10080.9611
Dependent Variable: los        Log-Likelihood:   -4585.3
Date:               2022-03-18 19:36  LL-Null:   -4975.9
```

No. Observations:	1798		Deviance:		3364.0	
Df Model:	3		Pearson chi2:		4.16e+03	
Df Residuals:	1794		Scale:		1.0000	
Method:	IRLS					

	Coef.	Std.Err.	z	P>|z|	[0.025	0.975]
Intercept	1.1822	0.0276	42.8441	0.0000	1.1282	1.2363
gender	-0.1475	0.0218	-6.7523	0.0000	-0.1903	-0.1047
type1	0.6280	0.0258	24.3094	0.0000	0.5774	0.6787
age75	0.1298	0.0232	5.6016	0.0000	0.0844	0.1752

```python
hospital["predict"] = res.predict()
hospital.plot.scatter(x="predict", y="los")
```

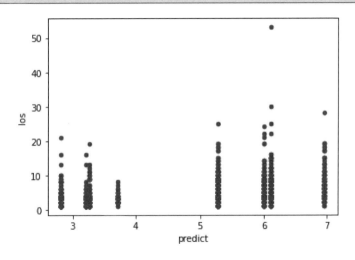

問題 89 魚の数の予測

http://logopt.com/data/fishing.csv にある魚の数を予測するためのデータ
セットに Poisson 回帰を適用せよ. 従属変数は魚の数を表す totabund であり，それを
密度 (density)，平均深度 (meandepth)，年度 (year) から予測せよ.

必要なら以下の文字列を用いよ.

```python
formula="totabund ~ density + meandepth + year"
```

```python
fish = pd.read_csv("http://logopt.com/data/fishing.csv", index_col=0)
fish.head()
```

	site	totabund	density	meandepth	year	period	sweptarea
1	1	76	0.002070	804	1978	1977-1989	36710.000000
2	2	161	0.003520	808	2001	2000-2002	45741.253906
3	3	39	0.000981	809	2001	2000-2002	39775.000000
4	4	410	0.008039	848	1979	1977-1989	51000.000000
5	5	177	0.005933	853	2002	2000-2002	29831.251953

8.3 時系列データの予測

時系列データ $y_0, y_1, \ldots, y_t$ が与えられたとき，$t+1$ 期（もしくは，それより先の期）のデータを予測したい．

以下の方法を紹介する．

- 移動平均法
- 指数平滑法
- SARIMAX

■ 8.3.1 移動平均法

M 期前までのデータの平均を予測とする単純な方法である．

$t+1$ 期の予測値を $\hat{y}_{t+1}$ としたとき，移動平均法による予測値は以下のように定義される．

$$\hat{y}_{t+1} = \sum_{i=t+1-M}^{t} y_i/M$$

移動平均は，pandas の Series の **rolling** メソッドに実装されている．パラメータ M は，引数 **window** で与える．

rolling の返値は，移動平均オブジェクトであり，その平均 **mean** をとることによって，移動平均が計算される．値が定義されない期に対しては NaN が入れられる．

以下では，簡単な需要系列を表すデータに対して，$M = 2, 4$ の移動平均を計算し，プロットしている．

```
y = pd.Series([28, 27, 30, 34, 32, 33, 32, 36, 33, 36])
ma2 = y.rolling(window=2).mean()
ma4 = y.rolling(window=4).mean()


y.plot()     # 青線
ma2.plot()   # オレンジ線
ma4.plot();  # 緑線
```

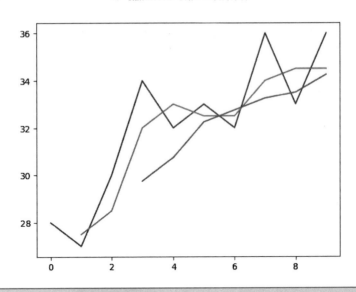

ma2

```
0     NaN
1     27.5
2     28.5
3     32.0
4     33.0
5     32.5
6     32.5
7     34.0
8     34.5
9     34.5
dtype: float64
```

ma4

```
0      NaN
1      NaN
2      NaN
3     29.75
4     30.75
5     32.25
6     32.75
7     33.25
8     33.50
9     34.25
dtype: float64
```

■ 8.3.2 単純指数平滑法

単純指数平滑法は，過去の予測値と新たな実現値をパラメータ α で調整して予測を行う.

- y_t: 期 t の実現値
- s_t: 予測値
- α: 平滑化定数（smoothing_level）

$$s_0 = y_0$$
$$s_t = \alpha y_t + (1 - \alpha)s_{t-1}$$
$$\hat{y}_{t+1} = s_t$$

需要データを単純指数平滑法で予測する.

- SimpleExpSmoothing クラスの fit メソッドでパラメータを最適化する. fit メソッドの引数 **smoothing_level** で平滑化定数を与えることができる. **optimized** 引数を True（既定値）にすると，最適な平滑化定数が計算される.
- クラス生成の際には，時系列データ（pandas の Series）の他に，初期値 $\hat{y}_0(= s_{-1})$ を計算する方法を引数 **initialization_method** で与える. 引数には以下のものがある.
  - estimated: 初期値 $\hat{y}_0$ を推定する
  - heuristic: 経験的方法で初期値 $\hat{y}_0$ を定める
  - known: この場合には，さらに引数 **initial_level** で初期値を与える必要がある
- predict メソッドで予測を行う.
- 最適なパラメータは，予測インスタンスの **params_formatted** 属性で確認できる.
  移動平均法との関係（最小自乗誤差を同じにする）

$$\alpha = \frac{2}{M + 1}$$

```
from statsmodels.tsa.api import SimpleExpSmoothing, Holt, ExponentialSmoothing

y = pd.Series([28, 27, 30, 34, 32, 33, 32, 36, 33, 36])
fit1 = SimpleExpSmoothing(y, initialization_method="estimated").fit()
es = fit1.predict(0, 9)
y.plot()
es.plot(); # オレンジ線
```

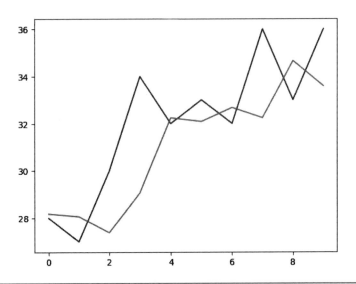

```
# パラメータを表示
fit1.params_formatted
```

	name	param	optimized
smoothing_level	alpha	0.643196	True
initial_level	1.0	28.180514	True

```
#対応する移動平均法のパラメータ
2/0.643296-1
```

```
2.108988708153012
```

■ 8.3.3 Holt 法

Holt 法は，傾向変動を考慮した指数平滑法であり，2 つの平滑化パラメータ α, β を使う．

パラメータ

- y_t: 期 t の実現値
- s_t: 基本水準予測値
- b_t: 傾向変動予測値
- α: 平滑化定数（smoothing_level）
- β: 傾向変動に対する平滑化定数（smoothing_slope）

$$s_0 = y_0$$
$$s_t = \alpha y_t + (1 - \alpha)(s_{t-1} + b_{t-1})$$
$$b_t = \beta(s_t - s_{t-1}) + (1 - \beta)b_{t-1}$$
$$\hat{y}_{t+1} = s_t + b_t$$

傾向変動があるデータに Holt 法を適用する.

• Holt クラスの fit メソッドでパラメータを最適化する.

• predict メソッドで予測を行う.

• 最適なパラメータは,予測インスタンスの **params_formatted** 属性で確認できる.

```
y = pd.Series([28, 27, 30, 34, 32, 33, 32, 36, 33, 36])
fit2 = Holt(y, initialization_method="estimated").fit()
holt = fit2.predict(0, 9)
y.plot()
holt.plot();
```

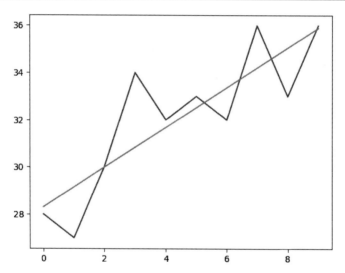

```
fit2.params_formatted
```

	name	param	optimized
smoothing_level	alpha	1.492725e-08	True
smoothing_trend	beta	2.759277e-10	True
initial_level	l.0	2.746664e+01	True
initial_trend	b.0	8.424334e-01	True

■ 8.3.4 Holt-Winters 法

Holt-Winters 法は,季節変動と傾向変動を考慮した指数平滑法であり,3 つの平滑化

パラメータ α, β, γ を用いる.

パラメータ

- y_t: 期 t の実現値
- s_t: 基本水準予測値
- b_t: 傾向変動予測値
- c_t: 季節変動予測値
- $\hat{y}_{t+m}$: 期 t における m 期後の予測値
- L: 季節変動の周期（seasonal_periods）
- α: 平滑化定数（smoothing_level）
- β: 傾向変動に対する平滑化定数（smoothing_slope）
- γ: 季節変動に対する平滑化定数（smoothing_seasonal）

加法的季節変動:

$$s_0 = y_0$$
$$s_t = \alpha(y_t - c_{t-L}) + (1-\alpha)(s_{t-1} + b_{t-1})$$
$$b_t = \beta(s_t - s_{t-1}) + (1-\beta)b_{t-1}$$
$$c_t = \gamma(y_t - s_t) + (1-\gamma)c_{t-L}$$
$$\hat{y}_{t+m} = s_t + mb_t + c_{t-L+1+(m-1)} \mod L$$

乗法的季節変動:

$$s_0 = y_0$$
$$s_t = \alpha(y_t/c_{t-L}) + (1-\alpha)(s_{t-1} + b_{t-1})$$
$$b_t = \beta(s_t - s_{t-1}) + (1-\beta)b_{t-1}$$
$$c_t = \gamma(y_t/s_t) + (1-\gamma)c_{t-L}$$
$$\hat{y}_{t+m} = (s_t + mb_t)c_{t-L+1+(m-1)} \mod L$$

1 ヶ月ごとの需要量データで，$L = 12$ ヶ月の周期をもつ.

- ExponentialSmoothing クラスの fit メソッドでパラメータを最適化する. 周期（seasonal_periods）は 12 とし，傾向も季節変動も加法的とする（乗法的の場合には'mul'を入れる）.
- predict メソッドで予測を行う.
- 最適なパラメータは，予測インスタンスの **params_formatted** 属性で確認できる.

```
y = pd.Series(
    [
        19,
```

```
        48,
        48,
        49,
        71,
        91,
        99,
        115,
        96,
        46,
        26,
        24,
        29,
        55,
        44,
        48,
        64,
        98,
        104,
        125,
        104,
        45,
        22,
        20,
        13,
        46,
        42,
        45,
        79,
        93,
        92,
        127,
        84,
        27,
        5,
        7
    ]
)
fit3 = ExponentialSmoothing(
    y,
    seasonal_periods=12,
    trend="add",
    seasonal="add",
    initialization_method="estimated",
).fit()
hw = fit3.predict(0, len(y))
y.plot()
hw.plot();
```

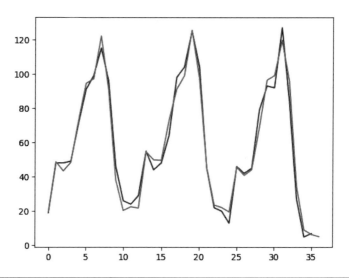

```
fit3.params_formatted
```

	name	param	optimized
smoothing_level	alpha	4.976157e-01	True
smoothing_trend	beta	6.622793e-09	True
smoothing_seasonal	gamma	5.862000e-09	True
initial_level	l.0	6.168322e+01	True
initial_trend	b.0	-4.035850e-01	True
initial_seasons.0	s.0	-4.156733e+01	True
initial_seasons.1	s.1	-1.183038e+01	True
initial_seasons.2	s.2	-1.642662e+01	True
initial_seasons.3	s.3	-1.335631e+01	True
initial_seasons.4	s.4	1.104726e+01	True
initial_seasons.5	s.5	3.411763e+01	True
initial_seasons.6	s.6	3.885439e+01	True
initial_seasons.7	s.7	6.325796e+01	True
initial_seasons.8	s.8	3.599502e+01	True
initial_seasons.9	s.9	-1.893489e+01	True
initial_seasons.10	s.10	-4.019823e+01	True
initial_seasons.11	s.11	-4.046100e+01	True

■ 8.3.5　航空機の乗客数の例題

航空機の乗客数の時系列データを用いて，様々な手法の比較を行う．

最後の2年間（24ヶ月）をテストデータとする．Holt-Winters 法に対しては，パラメータは自動調整とし，Box-Cox 変換をしてデータを正規化しておく（引数の use_boxcox を True にする）．

```
passengers = pd.read_csv("http://logopt.com/data/AirPassengers.csv")
passengers["Month"] = pd.to_datetime(passengers.Month)
```

```
passengers.set_index("Month", inplace=True)  # 月をインデックスとする
passengers.index.freq = "MS"  # 月のはじめを頻度にする
passengers.head()
```

	#Passengers
Month	
1949-01-01	112
1949-02-01	118
1949-03-01	132
1949-04-01	129
1949-05-01	121

```
fit1 = SimpleExpSmoothing(passengers[:-24], initialization_method="estimated").fit(
    smoothing_level=0.2, optimized=False
)
fit2 = Holt(passengers[:-24], initialization_method="estimated").fit(
    smoothing_level=0.8, smoothing_trend=0.2, optimized=False
)
fit3 = ExponentialSmoothing(
    passengers[:-24],
    seasonal_periods=12,
    trend="add",
    seasonal="add",
    initialization_method="estimated",
).fit()
```

自動調整されたパラメータを見てみる.

```
fit3.params
```

```
{'smoothing_level': 0.23678678235712566,
 'smoothing_trend': 1.8055668382578714e-09,
 'smoothing_seasonal': 0.7632132086415252,
 'damping_trend': nan,
 'initial_level': 119.1876680939318,
 'initial_trend': 2.2768394955266533,
 'initial_seasons': array([ -9.42424719,  -3.87104168,   8.69002781,   3.6678027 ,
         -4.94701962,   9.26652064,  21.53444859,  19.2001798 ,
          5.07181472, -13.80997707, -28.51179942, -12.37245268]),
 'use_boxcox': False,
 'lamda': None,
 'remove_bias': False}
```

最後の 2 年分の予測を行う.

```
start, end = len(passengers) - 24, len(passengers)
predict1 = fit1.predict(start, end)
predict2 = fit2.predict(start, end)
predict3 = fit3.predict(start, end)
```

```
passengers[-24:].plot()  # 実際のデータ 青線
predict1.plot()
# 単純指数平滑 オレンジ線
predict2.plot()
# Holt法　緑線
predict3.plot();
# Holt-Winters法 赤線
```

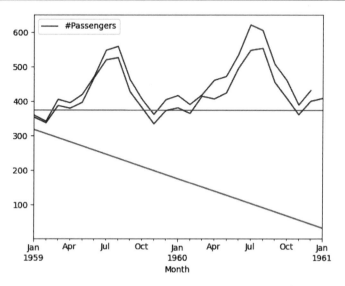

8.4　SARIMAX

SARIMAX は, 自己回帰和分移動平均モデル ARIMA（autoregressive integrated moving average）モデルの拡張である.

$$y_t - y_{t-d} = c + \phi_1 y_{t-1} + \phi_2 y_{t-2} + \cdots + \phi_p y_{t-p} + \varepsilon_t + \theta_1 \varepsilon_{t-1} + \cdots + \theta_q \varepsilon_{t-q}$$

パラメータ

- 自己回帰 AR (autoregressive): p; 過去 p 期の値の多項式で予測
- 差分 I (integrated): d; d 期前との差分をとることによって傾向変動を予測
- 移動平均 MA (moving average): q; 過去 q 期の誤差の多項式で予測

　ARIMA に季節変動を追加したものが SARIMA（seasonal ARIMA）である.

パラメータ

- 季節自己回帰 SAR: P

- 季節差分 SI : D
- 季節移動平均 SMA: Q
- 周期: L

SARIMAX は，さらに外生変数（e**X**ogenous variables）を追加したものである．
航空機の乗客数の例題で予測する．

```python
import statsmodels.api as sm

mod = sm.tsa.statespace.SARIMAX(
    passengers[:-24],
    order=(1, 1, 1),
    seasonal_order=(1, 1, 1, 12),
    enforce_stationarity=False,
    enforce_invertibility=False,
)
fit4 = mod.fit()
predict4 = fit4.predict(start, end)
```

```
RUNNING THE L-BFGS-B CODE

           * * *

Machine precision = 2.220D-16
 N =            5     M =            10

At X0          0 variables are exactly at the bounds

At iterate     0    f=  2.92259D+00    |proj g|=  1.74251D-02

At iterate     5    f=  2.90832D+00    |proj g|=  7.22871D-03

At iterate    10    f=  2.90735D+00    |proj g|=  5.62784D-03

At iterate    15    f=  2.90717D+00    |proj g|=  1.02033D-03

           * * *

Tit  = total number of iterations
Tnf  = total number of function evaluations
Tnint = total number of segments explored during Cauchy searches
Skip = number of BFGS updates skipped
Nact = number of active bounds at final generalized Cauchy point
Projg = norm of the final projected gradient
F    = final function value

           * * *
```

```
 N     Tit   Tnf Tnint Skip Nact    Projg          F
 5     19    25    1    0    0    4.927D-07   2.907D+00
 F =   2.9071672307458569
```

CONVERGENCE: NORM_OF_PROJECTED_GRADIENT_<=_PGTOL

予測結果をデータフレームに追加する.

```
passengers["Exp.Smooth."] = predict1
passengers["Holt"] = predict2
passengers["Holt-Winter"] = predict3
passengers["SARIMAX"] = predict4
```

```
passengers.tail()
```

Month	#Passengers	Exp.Smooth.	Holt	Holt-Winter	SARIMAX
1960-08-01	606	374.897322	92.268388	553.832185	506.802983
1960-09-01	508	374.897322	80.363471	455.196351	405.637677
1960-10-01	461	374.897322	68.458554	409.264176	360.736984
1960-11-01	390	374.897322	56.553638	361.770943	311.758930
1960-12-01	432	374.897322	44.648721	400.905087	338.665679

Plotly で予測結果とオリジナルの乗客数を可視化する.

```
import plotly.express as px
import plotly
```

```
stacked_df = pd.DataFrame(passengers[-24:].stack(), columns=["num"]).reset_index()
fig = px.line(stacked_df, x="Month", y="num", color="level_1")
fig.show();
```

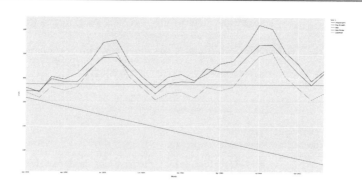

問題 90 ピザの需要予測

ピザの需要量データ http://logopt.com/data/pizza.csv を読み込み,指数平滑法,Holt 法,Holt-Winters 法と SARIMAX で予測を行え.

データは，**Date** 列に日付が，**Pizzas** 列にピザの需要量が入っている．
ただし，テストデータは最後の 24 日とせよ．
また，Plotly Express による可視化を行い，実データと比較せよ．

問題の解答

第 2 章

1

```
import numpy as np
np.ones(10)
np.ones((3,4))
A = np.zeros( (3,3) )
A[0,1] = 1
A[1,2] = 1
A[2,0] = 1
A = np.zeros( (10,10) )
for i in range(9):
A[i,i+1] = 1
A
```

2

```
A.shape = (9,1)
A
v.shape = (3,1)
v
A.shape = (4,2)
```

3

```
x = np.array( [1, 2, 3] )
y = np.array( [5, 6, 7] )
x+y
x[:2] + y[-2:]
x + 10
x*3
x*y
#np.dot(x,y)
```

4

```
X = np.array( [[1, 2, 3],
[4, 5, 6],
[7, 8, 9]])
Y = np.ones( (3,3) )
X[2,1]
X[2,:]
X[0:2,1:]
X[::2,::2]
X+Y
X*Y
X*1
```

```
X*np.ones(3)
```

5

```
A = np.arange(25)
A.shape = (5,5)
A[1::3,::2]
A[::2,:3:2]
```

6

```
x = np.arange(100)
np.sin(x)
np.log(np.arange(1,1000)*2)+100
```

7

```
np.random.randint(1,7,size=10 )
np.random.normal(10,10,size=(10,10))
```

8

```
np.random.normal(100,10,10)
```

9

```
np.min(A, axis=1)
np.min(A, axis=0)
dice = np.random.randint(1,7,10)
np.min(dice)
np.max(dice)
np.mean(dice)
D = np.random.normal(10,10,size=(10,10))
np.mean(D)
np.mean(D, axis=1) #行ごとの場合には列方向で平均
       をとれば良い
```

10

```
x = np.array( [1,2,3,4,5,6] )
x[[0,5]]
x[ x%2==0 ]
x[ x%2==1 ]*2
```

11

```
dice = np.random.randint(1,7,10)
dice[ dice>=4 ]
dice = np.random.randint(1,7,100)
dice[ (dice>=5)&(dice%2==1) ]
D = np.random.normal(10,10,size=(10,10))
D[ D<0 ]
```

12

```
np.random.seed(1)
q = 110
demand = np.random.normal(100, 10, 10000)
cost = np.where(demand >= q, (demand - q) * 100, ↩
    (q - demand) * 1)
for q in range(100, 150):
cost = np.where(demand >= q, (demand - q) * 100, ↩
    (q - demand) * 1)
#print(q, cost.sum())
```

別解

```
import matplotlib.pyplot as plt  # 図を描画する準↩
    備
%matplotlib inline

demand = np.random.normal(100, 10, (10000, 100))
q = np.arange(100, 200)
cost = np.where(demand >= q, (demand - q) * 100, ↩
    (q - demand) * 1)
ave_cost = np.mean(cost, axis=0)
plt.plot(q, ave_cost);
```

13

xが素数か否かの判定を行う.

```
import numpy as np
x = 10
not np.any([x%i == 0 for i in range(2, x)])
# >> Falseを返す.
```

14

```
import matplotlib.pyplot as plt # 図を描画する準↩
    備
x = np.arange(1,101,3)
plt.plot(x, np.sqrt(x) )
x = np.linspace(0.1,10,1000)
plt.plot(x, 1./x);
```

15

```
np.random.seed(1)
T = 1000
n = 10000
mu = 100.0
sigma = 10.0
s = 120.0
S = 150.0
demand = np.random.normal(mu, sigma, (n, T))
I = np.zeros((n, T))
Q = np.zeros((n, T))
for t in range(1, T):
Q[:, t] = np.where(I[:, t - 1] < s, S - I[:, t - ↩
    1], 0.0)
I[:, t] = I[:, t - 1] + Q[:, t] - demand[:, t]
```

第3章

16

```
L = [ 'Alcohol', 'Malic','Ash', 'Alcalinity', '↩
    Magnesium', 'Phenols', 'Flavanoids',
'Nonflavanoid', 'Proanthocyanins', 'Color', 'Hue'↩
    , 'OD280', 'OD315', 'Proline']
wine = pd.read_csv("http://logopt.com/data/wine.↩
    data", names=L)
wine.tail().T
```

17

```
video = pd.read_csv("http://logopt.com/data/↩
    vgsales.csv")
video.head()
```

18

```
L = ['mpg', 'cylinders', 'displacement', '↩
    horsepower','weight', 'acceleration','year↩
    ','origin', 'name']
car = pd.read_csv("http://logopt.com/data/auto-↩
    mpg.data", delim_whitespace=True, names=L)
car.tail()
```

19

```
car.index
car.columns
car.describe()
```

20

```
df = pd.read_csv('http://logopt.com/data/iris.↩
    data', names=['がく片長','がく片幅','花びら
    長','花びら幅', '種類'])
df.iloc[5:9,2:4]

df.loc[:,"種類"]

df.loc[[2,6,4],['がく片長','花びら幅','花びら長
    ']]
```

21

```
car.sort_values("acceleration", ascending=False).↩
    head()
```

22

```
df[ df["花びら長"] < 0.5 ]
df[ (df["花びら幅"] <0.5)&(df["花びら長"]<1.5) ]
df[ df["種類"]=="Iris-setosa" ].describe()
df[ df["種類"]=="Iris-versicolor" ].describe()
df[ df["種類"]=="Iris-virginica" ].describe()
```

23

```
drinks = pd.read_csv('http://logopt.com/data/↩
    drinks.csv')
drinks.groupby("continent").mean()
```

24

```
df.drop("がく片長",axis=1).drop([3,5])
```

25

```
ufo = pd.read_csv('http://logopt.com/data/ufo.csv↩
    ')
ufo["City"].fillna("場所不明", inplace=True)
ufo["Colors Reported"].fillna("たぶん白
    ", inplace=True)
ufo.head()
```

26

```
drinks = pd.read_csv('http://bit.ly/↩
    drinksbycountry', dtype={'beer_servings':↩
    float, 'wine_servings':float, '↩
    spirit_servings':float})
drinks["continent"] = drinks.continent.replace("↩
    Asia","アジア
    ")
drinks.head()
```

27

```
ufo = pd.read_csv('http://logopt.com/data/ufo.csv↩
    ')
ufo["Year"] = pd.to_datetime(ufo.Time).dt.year
ufo["WeekDay"] = pd.to_datetime(ufo.Time).dt.↩
    weekday
ufo2 = ufo[ ufo.Year >= 2000 ]
```

28

```
poke = pd.read_csv("http://logopt.com/data/↩
    Pokemon.csv",index_col=0)
pd.pivot_table(poke, index=["Type 1", "Generation↩
    "], values=["Attack", "Defense"], aggfunc=↩
    "mean")
```

29

```
movie = pd.read_csv("http://logopt.com/data/↩
    movie_metadata.csv")
jd = movie[ movie['actor_1_name']=='Johnny Depp' ↩
    ]
pd.pivot_table(jd, index="title_year", values=["↩
    budget", "gross"]).plot();
```

30

```
for row in poke.itertuples():
if row.Legendary==True and row.Attack <= row.↩
    Defense and row.Attack<=90 and row.Speed↩
    >=110:
print(row.Name)
```

31

```
ufo.rename(columns={"State":"州
    ", "Colors Reported":"色"}, inplace=True)
ufo
```

第 4 章

32

```
import pandas as pd
sat = pd.read_csv("http://logopt.com/data/SATGPA.↩
    csv", index_col=0)
sat.hist(bins=30);
```

33

```
pokemon = pd.read_csv("http://logopt.com/data/↩
    poke.csv", encoding="utf-8",index_col=0)
pokemon[ ["Attack", "Defense"]].hist();
```

34

```
diamond = pd.read_csv("http://logopt.com/data/↩
    Diamond.csv", index_col=0)
diamond.plot.scatter(x="carat", y="price");
```

35

```
pokemon.plot.scatter(x="Attack", y="Defense");
```

36

```
# 例として攻撃力と守備力の散布図を描く
import pandas as pd
pokemon = pd.read_csv("http://logopt.com/data/↩
    poke.csv", encoding="utf-8",index_col=0)
pokemon.plot.scatter(x="Attack", y="Defense");
```

37

```
from pandas.plotting import parallel_coordinates
iris = pd.read_csv('http://logopt.com/data/iris.↩
    data', names=['sepal length','sepal width'↩
    ,'petal length','petal width', 'class'])
parallel_coordinates(iris, "class");

parallel_coordinates(pokemon[["HP", "Attack", "↩
    Defense", "Legendary"]], "Legendary");
```

38

```
from pandas.plotting import andrews_curves
andrews_curves(iris, "class");

andrews_curves(pokemon[["HP", "Attack", "Defense"↩
    , "Legendary"]], "Legendary");
```

39

```
import seaborn as sns
sat = pd.read_csv("http://logopt.com/data/SATGPA.↩
    csv", index_col=0)
sns.displot(sat.GPA, bins=20, rug=True, kde =True↩
    );
```

40

```
sns.jointplot(x="MathSAT", y="GPA", data = sat);

sns.pairplot(sat);
```

41

```
titanic = sns.load_dataset('titanic')
sns.lmplot(x='fare', y='survived', data=titanic, ↩
    col='sex', logistic=True);

sns.catplot(x='class', y='survived', data=↩
    titanic, col='sex', split=True, kind='↩
    violin');
```

第5章

42

```
pokemon = pd.read_csv("http://logopt.com/data/↩
    poke.csv", encoding="utf-8", index_col=0)
trace1 = go.Histogram(x=pokemon.Attack, opacity↩
    =0.75, name="攻撃力
    ")
trace2 = go.Histogram(x=pokemon.Defense, opacity↩
    =0.75, name="防御力
    ")
```
データはトレースのリストである.
```
data = [trace1, trace2]
```

レイアウトでグラフのタイトルや軸名を設定する.
レイアウトも辞書（の辞書）のような形式である.
```
layout = go.Layout(title="ポケモン
    ", xaxis=dict(title="力
    "), yaxis=dict(title="Count"))
```
図（Figure）はデータとレイアウトを合わせたオブジェ
クトである.
```
fig = go.Figure(data=data, layout=layout)
plotly.offline.plot(fig);
```

43

```
sat = pd.read_csv("http://logopt.com/data/SATGPA.↩
    csv")
trace1 = go.Histogram(x=sat.MathSAT)
trace2 = go.Histogram(x=sat.VerbalSAT)
trace3 = go.Histogram(x=sat.GPA)
```
データはトレースのリストである.
```
data = [trace1, trace2, trace3]
```
図（Figure）はデータとレイアウトを合わせたオブジェ
クトである.
```
fig = go.Figure(data=data)
plotly.offline.plot(fig);
```

44

```
L = [
    "mpg",
    "cylinders",
    "displacement",
    "horsepower",
    "weight",
    "acceleration",
    "year",
    "origin",
    "name",
]
car = pd.read_csv(
    "http://logopt.com/data/auto-mpg.data", ↩
        delim_whitespace=True, names=L
)
trace = go.Scatter(x=car["weight"], y=car["mpg"],↩
    mode="markers")
data = [trace]
fig = go.Figure(data)
plotly.offline.plot(fig);
```

45

```
diamond = pd.read_csv("http://logopt.com/data/↩
    Diamond.csv", index_col=0)
trace = go.Scatter(
    x=diamond["carat"],
    y=diamond["price"],
    mode="markers",
)

layout = go.Layout(
    title="Diamond Scatter", xaxis=dict(title="↩
        caret"), yaxis=dict(title="price")
)
data = [trace]
fig = go.Figure(data, layout)
plotly.offline.plot(fig);
```

46

```
pokemon = pd.read_csv("http://logopt.com/data/↩
    poke.csv", encoding="utf-8", index_col=0)
trace = go.Scatter(
    x=pokemon["Attack"],
    y=pokemon["Defense"],
    mode="markers",
)

layout = go.Layout(
    title="Pokemon Scatter", xaxis=dict(title="↩
        Attack"), yaxis=dict(title="Defense")
)
data = [trace]
fig = go.Figure(data, layout)
plotly.offline.plot(fig);
```

第6章

47

```
iris = px.data.iris()
fig = px.histogram(iris, x="sepal_length", ↩
    facet_col="species")
plotly.offline.plot(fig);
```

48

```
gpa = pd.read_csv("http://logopt.com/data/SATGPA.↵
    csv", index_col=0)
fig = px.histogram(gpa, x=["MathSAT", "VerbalSAT"↵
    , "GPA"], nbins=10, opacity=0.5)
fig = px.histogram(gpa, x="VerbalSAT") #個別に描
    画する場合
fig = px.histogram(gpa, x="GPA")
plotly.offline.plot(fig);
```

49

```
pokemon = pd.read_csv("http://logopt.com/data/↵
    poke.csv", encoding="utf-8")
fig = px.histogram(pokemon, x=["Attack", "Defense↵
    "], nbins=100, opacity=0.5)
plotly.offline.plot(fig);
```

50

```
iris = px.data.iris()
fig = px.scatter(iris, x="sepal_length", y="↵
    petal_length")
plotly.offline.plot(fig);
```

51

```
diamond = pd.read_csv("http://logopt.com/data/↵
    Diamond.csv ")
fig = px.scatter(diamond, x="carat", y="price")
plotly.offline.plot(fig);
```

52

```
gpa = pd.read_csv("http://logopt.com/data/SATGPA.↵
    csv", index_col=0)
fig = px.scatter(gpa, x="MathSAT", y="GPA")
plotly.offline.plot(fig);
```

53

```
pokemon = pd.read_csv("http://logopt.com/data/↵
    poke.csv", encoding="utf-8")
fig = px.scatter(pokemon, x="Attack", y="Defense"↵
    )
plotly.offline.plot(fig);
```

54

```
import seaborn as sns

titanic = sns.load_dataset("titanic")
fig = px.scatter(titanic, y="survived", x="fare",↵
    facet_row="class", facet_col="sex")
plotly.offline.plot(fig);
```

55

```
tips = sns.load_dataset("tips")
fig = px.scatter(
    tips, x="total_bill", y="tip", facet_row="↵
    smoker", facet_col="sex", color="time"
)
plotly.offline.plot(fig);
```

56

```
passengers = pd.read_csv("http://logopt.com/data/↵
    AirPassengers.csv")
fig = px.line(passengers, x="Month", y="#↵
    Passengers")
plotly.offline.plot(fig);
```

57

```
pokemon = pd.read_csv("http://logopt.com/data/↵
    poke.csv", encoding="utf-8")
fig = px.scatter(
    pokemon,
    x="Attack",
    y="Defense",
    size="Speed",
    color="HP",
    hover_name="Japanese",
    animation_frame="Generation",
)
plotly.offline.plot(fig);
```

58

```
gpa = pd.read_csv("http://logopt.com/data/SATGPA.↵
    csv", index_col=0)
fig = px.scatter_matrix(gpa)
plotly.offline.plot(fig);
```

59

```
df7 = pd.read_csv(
    "https://raw.githubusercontent.com/holtzy/↵
    data_to_viz/master/Example_dataset↵
    /9_OneNumSevCatSubgroupOneObs.csv"
)
fig = px.bar(df7, x="TIME", y="Value", color="↵
    Country")
plotly.offline.plot(fig);
```

60

```
carshare = px.data.carshare()
fig = px.scatter_mapbox(
    carshare,
    lat="centroid_lat",
    lon="centroid_lon",
    size="car_hours",
    color="peak_hour",
    zoom=12,
)
fig.update_layout(mapbox_style="open-street-map")
plotly.offline.plot(fig);
```

61

```
drinks = pd.read_csv("http://logopt.com/data/↵
    drinks.csv")
fig = px.choropleth(
    drinks,
    locations="country",
    locationmode="country names",
    color="wine_servings",
    hover_name="country",
```

```
)
plotly.offline.plot(fig);
```

62

```
from sklearn.datasets import load_breast_cancer

cancer = load_breast_cancer()
cancer_df = pd.DataFrame(cancer.data, columns=↵
    cancer.feature_names)
fig = px.parallel_coordinates(cancer_df.iloc[:, ↵
    :4])
plotly.offline.plot(fig);
```

63

```
car = pd.read_csv(
    "https://raw.githubusercontent.com/holtzy/↵
    data_to_viz/master/Example_dataset↵
    /6_SeveralNum.csv",
    index_col=0,
)
fig = px.parallel_coordinates(car.iloc[:, :4])
plotly.offline.plot(fig);
```

64

世代別の変化をアニメーションで，伝説か否かを色で表
し，攻撃力と守備力の関係を調べる．また，体力（HP）
は点の大きさで補助的に示す．
分析：世代を経ると徐々に強くなる．ただし後に設定
された「メガ進化」で，初期のポケモンでも強いものも
ある．

```
pokemon = pd.read_csv("http://logopt.com/data/↵
    poke.csv", encoding="utf-8")
fig = px.scatter(
pokemon,
x="Attack",
y="Defense",
size="HP",
color="Legendary",
hover_name="Japanese",
animation_frame="Generation",
)
plotly.offline.plot(fig);
```

第7章

65

```
def fibonacci():
f1 = 1
f2 = 1
while True:
f3 = f1+f2
yield f3
f2, f1 = f3, f2

for i in fibonacci():
```

```
if i>=100:
break
print(i)
```

66

```
import itertools
for i, p in enumerate(itertools.permutations(["A↵
    ", "B", "C", "D"])):
print(p)
if i>=4:
break
```

67

```
import simpy

def agv(env):
while True:
print(f"{env.now} : 直進中")
yield env.timeout(3)
print(f"{env.now} : 右折中")
yield env.timeout(1)
print(f"{env.now} : 直進中")
yield env.timeout(5)

env = simpy.Environment()  # シミュレーション環境↵
    を定義する
env.process(agv(env))  # ジェネレータを環境に登録↵
    する（ここではシミュレーションは実行されな↵
    い）
env.run(100)  # 制限時間分だけシミュレーションを↵
    行う
```

68

リード時間を [1..LT] の一様乱数とする．

```
import simpy
import random

class inv_simulation:
def __init__(self, env, LT, ROP, Q):
self.env = env
self.env.process(self.demand())
self.LT = LT
self.ROP = ROP
self.Q = Q
self.inventory = self.ROP
self.inv_position = self.inventory

def demand(self):
while True:
yield (self.env.timeout(random.randint(1, 11)))
print(f"{env.now} : inventory={self.inventory}")
self.inventory -= 1
self.inv_position -= 1
if self.inv_position < self.ROP:
print(f"{self.env.now} : order")
self.inv_position += self.Q
self.env.process(self.order())

def order(self):
```

```
yield (self.env.timeout( random.randint(1, self.
    LT) ))   #ここを変えた
print(f"{self.env.now} : reprenishment")
self.inventory += self.Q


env = simpy.Environment()
sim = inv_simulation(env, LT=100, ROP=50, Q=30)
sim.env.run(150)
```

69

```
class inv_simulation():
    def __init__(self, env, LT, ROP, Q):
        self.env = env
        self.env.process(self.demand())
        self.LT = LT
        self.ROP = ROP
        self.Q = Q
        self.inventory = self.ROP
        self.inv_position = self.inventory

        self.inv_history = [] #履歴を保存

    def demand(self):
        while True:
            self.inv_history.append((env.now,self.inventory))
                #履歴を保存
            yield( self.env.timeout(random.randint(1,11)) )
            print(f"{env.now} : inventory={self.inventory}")
            self.inventory-=1
            self.inv_position-=1
            if self.inv_position < self.ROP:
                print(f"{self.env.now} : order")
                self.inv_position += self.Q
                self.env.process(self.order())

    def order(self):
        yield( self.env.timeout( self.LT ) )
        print(f"{self.env.now} : reprenishment")
        self.inventory+=self.Q

maxT = 30
env = simpy.Environment()
sim = inv_simulation(env, LT=100, ROP=50, Q=30)
sim.env.run(maxT)
print(sim.inv_history)
now, Inv = sim.inv_history[0]
total_inv, total_backorder = 0, 0
for t, I in sim.inv_history[1:]:
    if t >= maxT:
        if Inv >= 0:
            total_inv +=Inv*(maxT-now)
        else:
            total_backorder += -Inv*(maxT-now)
    else:
        if Inv >= 0:
            total_inv += Inv*(t-now)
        else:
            total_backorder += -Inv*(t-now)
    #print(t,I, total)
```

```
    now = t
    Inv = I
print(total_inv/maxT, total_backorder/maxT)
```

70

```
import simpy
import random

class inv_simulation():
    def __init__(self, env, LT, ROP, S):
        self.env = env
        self.env.process(self.demand())
        self.LT = LT
        self.ROP = ROP
        self.S = S #基在庫レベル
        self.inventory = self.ROP
        self.inv_position = self.inventory

        self.inv_history = [] #履歴を保存

    def demand(self):
        while True:
            self.inv_history.append((env.now,self.inventory))
            yield( self.env.timeout(random.randint(1,11)) )
            print(f"{env.now} : inventory={self.inventory}")
            self.inventory-=1
            self.inv_position-=1
            if self.inv_position < self.ROP:
                Q = self.S - self.inv_position #発注量
                print(f"{self.env.now} : order : {Q}")
                self.inv_position = self.S
                self.env.process(self.order( Q ))

    def order(self, Q):
        yield( self.env.timeout( self.LT ) )
        print(f"{self.env.now} : reprenishment")
        self.inventory += Q

maxT = 100
env = simpy.Environment()
sim = inv_simulation(env, LT=100, ROP=50, S=80)
sim.env.run(maxT)

print(sim.inv_history)
now, Inv = sim.inv_history[0]
total_inv, total_backorder = 0, 0
for t, I in sim.inv_history[1:]:
    if t >= maxT:
        if Inv >= 0:
            total_inv +=Inv*(maxT-now)
        else:
            total_backorder += -Inv*(maxT-now)
    else:
        if Inv >= 0:
            total_inv += Inv*(t-now)
        else:
            total_backorder += -Inv*(t-now)
    #print(t,I, total)
    now = t
```

```
Inv = I
print(total_inv/maxT, total_backorder/maxT)
```

71

2つの整数mとnの最小公倍数を返す関数

```
def gcd(m: int, n: int) -> int:
if n == 0:
return m
return gcd(n, m % n)

m = 100
n = 8
print(gcd(m, n))
```

与えられた文字列sが回文であるか否かを判定する関数

```
def palindrome(s: str) -> bool:
if len(s) <= 1:
return True
elif s[0] == s[-1]:
return palindrome(s[1:-1])
else:
return False

print(palindrome("たけやぶやけた"))
print(palindrome("たけやぶやけてない"))
```

72

```
from dataclasses import dataclass

@dataclass(order=True)
class Customer:
height: int = 180
weight: float = 70.0
name: str = "No Name"
bmi: float = weight/height**2

c1 = Customer(name="Kitty")
print(c1)
```

73

```
@dataclass(order=True)
class Location:
x: float
y: float
name: str

p1 = Location(1., 2., "Point1")
p2 = Location(1., 1., "Point2")
p3 = Location(4., 1., "Point3")
L = [p1,p2,p3]
L.sort()
print(L)
```

74

```
from typing import List
from pydantic import BaseModel, ValidationError
```

```
class Customer(BaseModel):
name: str
latitude: float
longitude: float
product: List[int]

try:
c1 = Customer(name = "Kitty", latitude = 1, ↵
        longitude = "123", product = [1,5.3,6] )
except ValidationError as e:
print(e)
print(c1)
```

75

```
from collections import defaultdict
D = defaultdict(list)
data = "'Taro', 180, 69 \n 'Jiro', 170, 50 \n '↵
        Saburo', 160, 40"
for line in data.split("\n"):
L = line.split(",")
D[L[0]].extend( map(float, L[1:]) )
print(D)
```

76

以下から得られる Crew Scheduling Problem のデータ↵
        csp50.txt を読み込む
http://people.brunel.ac.uk/~mastjjb/jeb/orlib/↵
        ptasinfo.html
データは以下のようなテキスト形式
```
50 480
1 144
14 217
60 212
97 118
134 365 以下略
from collections import defaultdict
fname = "csp50.txt"
f = open(fname, "r")
lines = f.readlines()
n_tasks, time_limit = map(int, lines[0].split())

task_info = defaultdict(list)
for t in range(1, n_tasks + 1):
task_info[t].extend( map(int, lines[t].split()) )
print(task_info)
```

77

```
import re
re.split(r"t+","Kitty White")
```

78

```
import re
s = '''
0       [0, 32400]
1       [[3600, 14400]]
2       [[14400, 25200]]
3       [[14400, 21600]]
'''

re.findall(r'\d+', s)
```

79

例題と同じ

80

例題と同じ

81

```
from openpyxl import load_workbook
import pandas as pd
wb = load_workbook("05k2021-3.xlsx")
data = wb["第3表"].values
#for i, row in enumerate(data):
#    print(i,row)
columns = []
df = pd.DataFrame(list(data)[13:])
df = df[ [2,4,5,6,7,8,9,10,11,12,13,14,15] ] #不
    必要な列を除く
segname =["<15","15-65","65>=",">=75"]
columns =["都道府県"]
for header in ["Total", "Men", "Women"]:
for segment in segname:
columns.append( header+"("+segment+")")
df.columns = columns
df.head()
```

82

ここに幾つかの Web アプリ（SCMOPT デモバージョン，
簡易分析）が公開されている

https://www.logopt.com/demo/

また，本家サイトの Gallery にもたくさん例がある
（ソースコードも公開されている）

https://streamlit.io/gallery

第 8 章

83

```
car = pd.read_csv("http://logopt.com/data/↵
    carprice.csv", index_col=0)
model = smf.glm('Price ~ gpm100 + MPGcity + ↵
    MPGhighway', car)
fit = model.fit()
#print(fit.summary2())
car['predict'] = fit.predict()
car.plot.scatter(x='predict',y='Price');
```

84

```
ad = pd.read_csv("http://logopt.com/data/↵
    Advertising.csv", index_col=0)
model = smf.glm('Sales ~ TV + Radio + Newspaper',↵
    ad)
fit = model.fit()
#print(fit.summary2())
ad['predict'] = fit.predict()
ad.plot.scatter(x='predict',y='Sales');
```

85

```
boston = pd.read_csv("http://logopt.com/data/↵
    Boston.csv", index_col=0)
model = smf.glm('medv ~ crim+zn+indus+chas+nox+rm↵
    +age+dis+rad+tax+ptratio+black+↵
    lstat', boston)
fit = model.fit()
#print(fit.summary2())
boston['predict'] = fit.predict()
boston.plot.scatter(x='predict',y='medv');
```

86

```
gpa = pd.read_csv("http://logopt.com/data/SATGPA.↵
    csv", index_col=0)
model = smf.glm('GPA ~ MathSAT+VerbalSAT', gpa)
fit = model.fit()
#print(fit.summary2())
gpa['predict'] = fit.predict()
gpa.plot.scatter(x='predict',y='GPA');
```

87

```
cancer = pd.read_csv("http://logopt.com/data/↵
    cancer.csv", index_col=0)
formula = """diagnosis~radius_mean+texture_mean+↵
    texture_mean+perimeter_mean+area_mean+↵
    smoothness_mean+compactness_mean+
concavity_mean+symmetry_mean+radius_worst+↵
    texture_worst+perimeter_worst+area_worst+↵
    smoothness_worst+
compactness_worst+concavity_worst+symmetry_worst+↵
    fractal_dimension_worst"""
model = smf.glm(formula=formula, data=cancer, ↵
    family= sm.families.Binomial() )
res = model.fit()
#print(res.summary2())
cancer['predict'] = res.predict()
cancer.plot.scatter(x='predict',y='diagnosis');
```

88

```
hospital = pd.read_csv("http://logopt.com/data/↵
    hospital.csv", index_col=0)
formula="died~procedure+age+gender+los+type"
model = smf.glm(formula=formula, data=hospital, ↵
    family= sm.families.Binomial() )
res = model.fit()
#print(res.summary2())
hospital['predict'] = res.predict()
hospital.plot.scatter(x='predict',y='died');
```

89

```
fish = pd.read_csv("http://logopt.com/data/↵
    fishing.csv",index_col=0)
formula="totabund ~ density + meandepth + year"
model = smf.glm(formula=formula, data=fish, ↵
    family= sm.families.Poisson())
res = model.fit()
#print(res.summary2())
fish['predict'] = res.predict()
fish.plot.scatter(x='predict',y='totabund');
```

90

```
from statsmodels.tsa.api import ↩
    SimpleExpSmoothing, Holt, ↩
    ExponentialSmoothing
import plotly.express as px
import plotly

pizza_ = pd.read_csv("http://logopt.com/data/↩
    pizza.csv")
pizza = pizza_.loc[:, ["Date", "Pizzas"]]
pizza["Date"] = pd.to_datetime(pizza.Date)
pizza.set_index("Date", inplace=True)
pizza.index.freq ="D"

fit1 = SimpleExpSmoothing(pizza[:-24], ↩
    initialization_method="estimated").fit(↩
    smoothing_level=0.2,optimized=False)
fit2 = Holt(pizza[:-24], initialization_method="↩
    estimated").fit(smoothing_level=0.8, ↩
    smoothing_trend=0.2, optimized=False)
fit3 = ExponentialSmoothing(pizza[:-24],↩
    seasonal_periods=7, trend='add', seasonal=↩
    'add',
initialization_method="heuristic").fit()
```

```
start, end = len(pizza)-24, len(pizza)
predict1 = fit1.predict(start, end)
predict2 = fit2.predict(start, end)
predict3 = fit3.predict(start, end)

mod = sm.tsa.statespace.SARIMAX(pizza[:-24],
    order=(1, 1, 1),
    seasonal_order=(1, 1, 1, 7),
    enforce_stationarity=False,
    enforce_invertibility=False)
fit4 = mod.fit()
predict4 = fit4.predict(start,end)

pizza["Exp.Smooth."] = predict1
pizza["Holt"] = predict2
pizza["Holt-Winter"] = predict3
pizza["SARIMAX"] = predict4

stacked_df = pd.DataFrame(pizza[-24:].stack(),↩
    columns=["num"]).reset_index()
fig = px.line(stacked_df,x="Date",y="num",color="↩
    level_1")
#fig.show();
#plotly.offline.plot(fig); #Jupyter Labの場合
```

索　　引

全 3 巻分を掲載／太字：本巻

著者略歴

久保幹雄
（くぼみきお）

1963 年　埼玉県に生まれる
1990 年　早稲田大学大学院理工学研究科
　　　　博士後期課程修了
現　在　東京海洋大学教授
　　　　博士（工学）

Python による実務で役立つデータサイエンス練習問題 200+
1. アナリティクスの基礎・可視化と実践的テクニック　　　定価はカバーに表示

2023 年 5 月 1 日　初版第 1 刷

著　者　久　保　幹　雄

発行者　朝　倉　誠　造

発行所　株式会社 朝　倉　書　店
　　　　東京都新宿区新小川町 6-29
　　　　郵便番号　162-8707
　　　　電　話　03（3260）0141
　　　　F A X　03（3260）0180
　　　　https://www.asakura.co.jp

〈検印省略〉

シナノ印刷・渡辺製本

ISBN 978-4-254-12281-7　C 3004　　　　Printed in Japan

Python インタラクティブ・データビジュアライゼーション入門
―Plotly/Dash によるデータ可視化と Web アプリ構築―

@driller・小川 英幸・古木 友子 (著)

B5 判／288 頁　978-4-254-12258-9 C3004　定価 4,400 円（本体 4,000 円＋税）

Web サイトで公開できる対話的・探索的（読み手が自由に動かせる）可視化を Python で
実践。データ解析に便利な Plotly，アプリ化のためのユーザインタフェースを作成できる
Dash，ネットワーク図に強い Dash Cytoscape を具体的に解説。

Transformer による自然言語処理

Denis Rothman(著) ／黒川 利明 (訳)

A5 判／308 頁　978-4-254-12265-7 C3004　定価 4,620 円（本体 4,200 円＋税）

機械翻訳，音声テキスト変換といった技術の基となる自然言語処理。その最有力手法であ
る深層学習モデル Transformer の利用について基礎から応用までを詳説。〔内容〕アーキテ
クチャの紹介／事前訓練／機械翻訳／ニュースの分析。

FinTech ライブラリー　Python による金融テキストマイニング

和泉 潔・坂地 泰紀・松島 裕康 (著)

A5 判／184 頁　978-4-254-27588-9 C3334　定価 3,300 円（本体 3,000 円＋税）

自然言語処理，機械学習による金融市場分析をはじめるために。〔内容〕概要／環境構築／
ツール／多変量解析（日銀レポート，市場予測）／深層学習（価格予測）／ブートストラッ
プ法（業績要因抽出）／因果関係（決算短信）／課題と将来。

Python と Q#で学ぶ量子コンピューティング

S. Kaiser・C. Granade(著) ／黒川 利明 (訳)

A5 判／344 頁　978-4-254-12268-8 C3004　定価 4,950 円（本体 4,500 円＋税）

量子コンピューティングとは何か，実際にコードを書きながら身に着ける。〔内容〕基礎
(Qubit, 乱数, 秘密鍵, 非局在ゲーム, データ移動) ／アルゴリズム（オッズ，センシン
グ）／応用（化学計算，データベース探索，算術演算）。

化学・化学工学のための実践データサイエンス
―Python によるデータ解析・機械学習―

金子 弘昌 (著)

A5 判／192 頁　978-4-254-25047-3 C3058　定価 3,300 円（本体 3,000 円＋税）

ケモインフォマティクス，マテリアルズインフォマティクス，プロセスインフォマティク
スなどと呼ばれる化学・化学工学系のデータ処理で実際に使える統計解析・機械学習手法
を解説。Python によるサンプルコードで実践。